北大版对外汉语教材·语法教程系列

Essential Grammar on Teaching Chinese as a Second Language

对外汉语教学核心语法

杨德峰 ◎ 编著

北京大学出版社
PEKING UNIVERSITY PRESS

图书在版编目(CIP)数据

对外汉语教学核心语法/杨德峰编著. —北京:北京大学出版社,2009.6
(北大版对外汉语教材·语法教程系列)
ISBN 978-7-301-15245-4

Ⅰ. 对⋯　Ⅱ. 杨⋯　Ⅲ. 汉语—语法—对外汉语教学—教材　Ⅳ. H195.4

中国版本图书馆 CIP 数据核字(2009)第 088545 号

书　　　　名：	对外汉语教学核心语法
著作责任者：	杨德峰　编著
责 任 编 辑：	旷书文
标 准 书 号：	ISBN 978-7-301-15245-4/H·2258
出 版 发 行：	北京大学出版社
地　　　　址：	北京市海淀区成府路 205 号　100871
网　　　　址：	http://www.pup.cn
电　　　　话：	邮购部 62752015　发行部 62750672　出版部 62754962
	编辑部 62752028
印 　刷 　者：	涿州市星河印刷有限公司
经 　销 　者：	新华书店
	730 毫米×980 毫米　16 开本　19 印张　375 千字
	2009 年 6 月第 1 版　2017 年 8 月第 3 次印刷
定　　　　价：	39.00 元

未经许可,不得以任何方式复制或抄袭本书之部分或全部内容。
版权所有,侵权必究
举报电话:010-62752024　电子信箱:fd@pup.pku.edu.cn

目　　录

序 …………………………………………………………………… 1
前言 ………………………………………………………………… 5
语法术语表 ………………………………………………………… 7

第一章　词类（上） ……………………………………………… 1
　第一节　名词 …………………………………………………… 1
　第二节　动词 …………………………………………………… 9
　第三节　形容词 ………………………………………………… 24
　第四节　代词 …………………………………………………… 32
　第五节　数词 …………………………………………………… 40
　第六节　量词 …………………………………………………… 49

第二章　词类（下） ……………………………………………… 55
　第一节　副词 …………………………………………………… 55
　第二节　介词 …………………………………………………… 66
　第三节　连词 …………………………………………………… 70
　第四节　助词 …………………………………………………… 77
　第五节　叹词 …………………………………………………… 96
　第六节　象声词 ………………………………………………… 97

第三章　句子成分（上） ………………………………………… 99
　第一节　主语 …………………………………………………… 99
　第二节　谓语 …………………………………………………… 102
　第三节　宾语 …………………………………………………… 105

第四章　句子成分（下） …… 109
第一节　定语 …… 109
第二节　状语 …… 115
第三节　补语 …… 127
第四节　独立成分 …… 153

第五章　单句 …… 157
第一节　句子的类型 …… 157
第二节　特殊句子 …… 172

第六章　复句 …… 196
第一节　联合复句 …… 196
第二节　偏正复句 …… 200
第三节　紧缩复句 …… 208
第四节　复句中关联词语的位置 …… 210

第七章　篇章 …… 212
第一节　篇章的基本结构关系 …… 212
第二节　篇章连接手段 …… 216

第八章　表达法 …… 231
第一节　数字表达 …… 231
第二节　表示比较的方法 …… 240
第三节　表示强调的方法 …… 253
第四节　称谓法 …… 268
第五节　委婉表达法 …… 271

附录1　参考答案 …… 275
附录2　常见的不能重叠的动词和形容词 …… 290
附录3　主要参考文献 …… 292

序

赵金铭

  现代汉语语法书，因读者对象的差异，写法各有不同。比如赵元任先生的《A Grammar of Spoken Chinese》(中文名《中国话的文法》)，本来是供英语读者研究中国话用的，论述的繁简不一定都合乎中国读者的需要，如果要翻译成汉语给中国人看，一定应该有好多增减的地方。而吕叔湘先生把它翻译成《汉语口语语法》的时候，就"把应该对中国人说的话都准确地译了，把不必对中国人说的话跟例子都删去了。"(赵元任序)在对外汉语教学界，近年来陆续出版了几部现代汉语语法书，有供汉语学习者使用的，也有供汉语教师参酌的，有对外国人讲的，也有供进修教师提升的，读者对象所致，在内容取舍与编排处理上多有不同。

  据不完全的观察，近年来业内有5部教材类的汉语语法书面世。供外国学生使用的基础语法教材，如孙德金《汉语语法教程》(北京语言文化大学出版社，2002)，受读者汉语水平所限，教材写得比较浅近、实用，对于以往同类教材所忽视的"用法"问题给予较多的阐释，注重基本概念、基本知识。而丁崇明《现代汉语语法教程》(北京大学出版社，2009)，是为来华留学生汉语本科专业大学生编写的一本汉语语法书，因读者已具有相当的汉语水平，书中用很大的篇幅讲解实词、虚词的用法，汉语的特殊句式，汉语的功能词，以及外国学习者运用中应注意的问题。再如齐沪扬主编《对外汉语教学语法》(复旦大学出版社，2005)，是供普通高校对外汉语专业本科生和汉语言专业外国留学生使用的教材，以对外汉语教学语法大纲为依据，广泛吸收多种汉语教材的有益成分，融进学界语法研究的最新成果，全面细致地描写汉语语法体系，着重描述汉语语素、词类和句子成分，展现了汉语语法的全貌。作为一本写给学生看的教材，特别在偏误分析上见功夫。书中本着张斌先生在汉语教学中一贯倡导的"别同异、辨正误"原则，揭示了外国人学习汉语的偏误特点，阐释了偏误分析的原则、类型和方法。这三本书，都是为汉语学习者写的，因此要照顾到学习者的语言水平，考虑到学习者的知识结构。其目的主要是通过语法学习，了解汉语语法，提高学习者的汉语表达能力。

至于为了提高教者对汉语语法的深入认识与理解，以便更得心应手地从事汉语语法教学，又有为汉语教师作为教学参考的语法书，以及用来培训汉语教师的语法书，如陆庆和《实用对外汉语教学语法》（北京大学出版社，2006），该书的定位是"教师教学语法参考书"。书中十分注重对外国人汉语语法教学中的教学重点和教学难点；对外国人不言不明的语法现象，书中详加解释；书中大量罗列外国人常出现的语法偏误，并给予详细诠释。该书内容以细密、详尽著称，惟其如此，教师可从中寻找到自己所需要的语法教学参考资料。而张宝林《汉语教学参考语法》（北京大学出版社，2006），是一本"为汉语教师进行业务培训编写的汉语语法教材，并为汉语教师提供教学参考"的语法书。该书的特色是，着重反映外国人学习中所遇到的语法问题。对于一个未来的汉语教师，对汉语语法不仅要知其然，还要知其所以然。书中特别注意吸取学界一些有关汉语语法研究的新成果。与其他语法书不同的是，该书认为语法分四级单位：词法、句法、语段和篇章。最大的语法单位是语段。书中用了相当大的篇幅讲授语段。同是语法书，这两本书是写给中国人看的，与前面的两本书有很大的不同。

前修未密，后出转精。尽管已有若干本语法书，还是不断有新著问世。前不久，杨德峰冠名为《对外汉语教学核心语法》的专著已杀青，嘱我写几句话，于是，我浏览了所能见到的有关对外汉语教学的语法书，又比较了杨君的新著，看出了一些新意。

书中说，"本书的主要读者对象为：（1）学习汉语的外国人；（2）从事对外汉语教学的教师；（3）对外汉语教学方向的研究生；（4）对外汉语教学师资培训班学生；（5）对外汉语教师资格考试参加者。"如此看来，这既是一本普及的语法书，又是一本提高的语法书，要做到雅俗共赏，要能适合上述各种各样读者的需求，是要下一番功夫的。

作者在书名中嵌入"核心"二字，多有寓意。核心者，从外国学习者的角度选择语法重点，突出学习者学习汉语语法的特点，不过分强调语法系统。阐释简明，方式多样，点到为止。对教师和学习者的疑难问题，着墨尤多，颇为实用。作者虽不追求系统性，但在业界已形成共识的基础上，突出表达与篇章，从对外汉语教学角度观察，亦另成体系，自有其可观处。

对外汉语教学的语法体系，自王还先生主编的《对外汉语教学语法大纲》（北京语言学院出版社，1995）问世以来，人们或局部调整，或补苴罅漏，但总体框架未变，一直是学界编写教材和从事教学的依据。杨书虽仍未跳出大纲格局，但从句法走进篇章，本书从外国人学习汉语篇章问题入手，吸收有关篇章的研究成果，从篇章的基本结构关系、篇章连接手段等方面，详细分析汉语篇章的构成，成为本书的一大特色。在特殊句子中增加汉语口语中的"半截话"，如"听你的话，你好像……"。这是同类的书所不讲的。至于表达问题，以往的语法书，大多只涉及词法、句法，而如何表达恰恰正是外国人学习的难点。书中从汉语实用的角度，介绍了各种表达方法，其中"称谓""委婉""强调"等表达方法，过去的语法书，均很少涉及。所憾者，该书对于词组，付之阙如。而汉语词组是词和句的中间站，具有特殊的重要性，似应给予一定的地盘。

本书在揭示一些语法现象时，表述简明，少用术语，不求周全，但求一看就懂，是动了脑筋的。如讲汉语中的疑问代词时，用了一个表格（见第36页），一目了然，十分清楚。

又比如，动词做结果补语的比较少，于是书中将常见做补语的动词"懂、见、住、着（zháo）、完、光、走、跑、哭、掉、到、倒、丢、翻"等一一列出，然后设计了一个"常用动词带动词结果补语的搭配表"。由此可见其简明的特点。

纵观全书，可见贯穿书中的一个主要思想，就是在讲授汉语语法时注意语序上的问题和特点，这一则因为语序是汉语重要的语法手段，二则语序也是外国学习者经常出现错误的地方。书中在讲解语法现象的时候，特别指出在语序上容易出错之处，并指出正确的又是什么样的。如指出"动词+得+情态补语"不能直接带宾语。下面的说法都是错误的：

(1) *山本写得很好汉字。（山本写汉字写得很好）
(2) *你说得不错汉语。（你说汉语说得不错）

又如在讲到"被"字句的否定式时，指出否定副词和能愿动词都只能位于"被"字前面，不能位于谓语动词前面。下面的说法是错误的：

(1) *这些东西被别人没看见。（这些东西没被别人看见）
(2) *叫妈妈别看见了。（别叫妈妈看见了）

书中在教正确的说法的同时，指出错误的，目的在于通过正反两方面的说明，来强化学习者的记忆，来提醒教者，关注学习者易出错的地方。本书的可取之处是，每讲一个语法现象，都配有练习，力求学了就练。书中配有大量多样性的练习，练习带有层次性，与HSK挂钩，并附有参考答案，这会受到学习者的欢迎。

杨德峰的《对外汉语教学核心语法》力求寻觅出对外汉语教学中的语法教学规律，并给予学习者以由浅入深的系统语法知识，目的在于培养正确的汉语表达。作者本着"新、简明、针对性、实用性"四个原则，搜罗学习者的惯常偏误，结合学界研究的新成果，将自己多年的语法教学经验融汇其中，为此做出了不懈的努力。

对外汉语教学界已经有了若干本汉语语法书，适用对象不同，各有千秋。杨书是最新的一本，也是经过试用、反映不错的一部教材。我乐意推荐给同行，希望在使用中使其更臻完善。

赵金铭
2009年春

前　　言

《对外汉语教学核心语法》是北京大学2008年度立项教材，北京大学在经费上给予了一定的支持。本书的主要读者对象为：

（1）学习汉语的外国人；

（2）从事对外汉语教学的教师；

（3）对外汉语教学方向的研究生；

（4）对外汉语教学师资培训班学生；

（5）对外汉语教师资格考试参加者。

全书共八章，第一、二章是词类，简单介绍了汉语词类的情况，重点从对外汉语教学的角度，对外国学习者学习各类词时的难点和重点做了详细的说明，这种说明既有正面的，也有反面的，希望通过正反两个方面的说明，来强化学习者的记忆。第三、四章是句子成分，本章从外国学习者的特点出发，重点介绍了充当各种句子成分的词类以及这些句子成分在句中的位置，同时，结合外国学习者学习情况，对容易出现问题的地方都从正反两个方面做了详尽的阐述。第五章是单句，不仅简要介绍了句子的类型，还着重介绍了汉语一些特有的句式，这些句式有些现有的语法教材涉及到了，有些现有的语法教材涉及较少，像"给"字句、"在"字句、"半截话"等。第六章是复句，除了介绍复句的类型以外，还根据外国学习者学习复句时关联词语搭配上容易出现错误的特点，重点介绍了关联词语的搭配情况，并以表格的形式展示出来，显得简洁、明了。第七章是篇章，该章充分吸收了现有的研究成果，从篇章的结构、篇章的连接手段等方面，详细说明了汉语篇章的构成，并根据学习者学习上的问题，着重从七个方面介绍了篇章连接的各种手段，能够使学习者学以致用。第八章是表达法，重点从使用汉语的角度，介绍了各种具体的表达方法，像"数字表达"、"比较表达"、"强调"、"称谓"、"委婉"等等，其中"强调"、"称谓"、"委婉"过去的语法教材中多未涉及，而这些又恰恰是外国学习者学习的难点。

　　在编写的过程中，本书努力体现新、简明、针对性、实用性四个原则。"新"体现在三个方面：一是尽量把现有的、新的、已成定论的研究成果吸收进来，有些研究成果虽然并不是新的，但是过去的语法教材没有涉及，而这些又是外国学习者必须掌握且又比较难掌握的，也在吸收之列。在吸收的时候，充分考虑到了对外汉语教学的特点，完全从外国学习者的需要出发，有些研究成果虽然是新的，但是如果不适合外国学习者学习、使用，也不吸收。二是突出表达和篇章，即在重视知识的同时，也注重语言的运用，把语法知识和语法运用很好地结合起来。三是突出语序。语序是汉语非常重要的语法手段，也是外国学习者经常出现错误的地方，本书的第二章以及其他各章，都注意突出语序上的问题或特点。

　　简明包括两个意思：一是尽量用简洁的语言进行表述，能用公式的就用公式，少用专业术语；二是尽量把一些主要的语法现象揭示出来，不求全，但求能基本解决学习中的问题。

　　针对性是指语法点的选择和说明能够突出外国学习者学习汉语的特点，从学习者的角度来选择重点，不过分强调系统。

　　本书追求实用性，而不刻意追求系统性，尽量把外国学习者学习汉语的重点和问题包括进去，使得教师和学习者能够找到疑难问题的答案，解决教学和学习中遇到的问题。

　　为了便于学习者复习、巩固，便于教师课堂教学，本书还在各章几乎每节中编写了相应的练习。练习编写的原则是：1. 题型多样化。尽可能用多种形式来练习、巩固某一个语法点，以达到熟能生巧。2. 题型靠近HSK（汉语水平考试）。为了使得练习的效果最大化，练习不仅要复习、巩固书中的知识点，而且题型要尽量借鉴汉语水平考试的题型，以便于学习者参加HSK考试。3. 具有针对性。突出学习者学习中的难点，重点练习容易出错的地方，以培养正确的习惯。4. 层次性。体现循序渐进原则，由易到难，尽量符合习得规律。

　　尽管写作过程中努力贯彻以上原则，但限于水平，不妥之处在所难免，敬请读者批评、指正。

语法术语表

语法术语	英文	语法术语	英文
名词	noun	动词	verb
形容词	adjective	代词	pronoun
数词	numeral	量词	measure word
副词	adverb	介词	preposition
连词	conjunction	叹词	interjection
象声词	onomatope	主语	subject
谓语	predicate	宾语	object
定语	attributive	状语	adverbial adjunct
补语	complement	动词短语	verb phrase
形容词短语	adjective phrase	独立成分	independent phrase
句子	sentence	"有"字句	有-sentence
"是"字句	是-sentence	"把"字句	把-sentence
"被"字句	被-sentence	"在"字句	在-sentence
"给"字句	给-sentence	兼语句	pivotal sentence
分句	clause	复句	complex sentence
主从复句	subordinate complex	联合复句	coordinate complex
并列复句	coordinate complex	承接复句	successive complex
递进复句	progressive complex	选择复句	alternative complex
因果复句	causative complex	条件复句	conditional complex
假设复句	suppositive complex	转折复句	adversative complex
目的复句	purposive complex	让步复句	concession complex

（续表）

语法术语	英文	语法术语	英文
取舍复句	preference complex	紧缩复句	contracted sentence
表达法	expressing method	委婉	mild and roundabout
篇章	piece of writing	逻辑联系语	logical connection word
省略	omition	替代	substitute

第一章

词类（上）

第一节 名 词

一、名词的类别

表示人和事物（包括时间、处所、方位）的词叫做名词。名词根据意义可以分为以下几类：

	类别	例词
名词	一般名词	老师、学生、朋友、水果、苹果、啤酒、桌子
	时间词	上午、下午、冬天、夏天、现在、今天、明天、明年
	处所词	北京、上海、邮局、银行、图书馆、教室、食堂、饭店
	方位词	上、下、左、右、前边、后边、左边、右边

（一）一般名词

表示人和事物的名词叫做一般名词。例如：

朋友　同屋　大夫　服务员　电视　手机　笔　书　手　脸

（二）时间词

表示时间的名词叫做时间词。例如：

今天　明天　今年　明年　世纪　上午　下午　白天　夜晚

1

(三) 处所词

表示国家、地方、机构等的名词叫做处所词。例如：

中国　北京　上海　邮局　图书馆　办公室　商店　超市

(四) 方位词

表示方向、位置的名词叫做方位词。汉语的方位词分为单纯方位词和复合方位词，单纯方位词有：

上　下　前　后　左　右　东　西　南　北　里　外　内　中　旁

单纯方位词加上"边（儿）"、"面"、"头"等组成复合方位词，复合方位词如下表：

	边（儿）	面	头
上/下	上边（儿）/下边（儿）	上面/下面	上头/下头
前/后	前边（儿）/后边（儿）	前面/后面	前头/后头
左/右	左边（儿）/右边（儿）	——	——
东/南	东边（儿）/南边（儿）	东面/南面	东头/南头
西/北	西边（儿）/北边（儿）	西面/北面	西头/北头
里/外	里边（儿）/外边（儿）	里面/外面	里头/外头
旁	旁边（儿）	——	——

二、名词的语法功能

名词可以做主语、宾语和定语，有的还可以做谓语。

(一) 做主语

做主语是名词的主要语法功能之一。例如：

① **北京**是中国的首都。
② **今天**有课。

(二) 做宾语

做宾语也是名词的主要语法功能。例如：

① 我们学习**汉语**。

② 哥哥去**中国**。

(三) 做定语
名词经常用来做定语。例如：

① **汉语**语法很难。
② 我要**上面**的书。

(四) 做谓语
表示时间、节令、天气、籍贯等的名词，像"春天"、"夏天"、"星期一"、"星期二"、"春节"、"晴天"、"阴天"、"中国人"、"上海人"等，可以直接做谓语。例如：

① 现在**春天**了。
② 今天**阴天**。
③ 他**上海人**，我**北京人**。

三、名词与"们"

汉语除了指人的名词后面可以加上"们"表示复数以外，其他的名词表示复数时一般不能加"们"。例如：

同学—同学**们**　老师—老师**们**　朋友—朋友**们**　孩子—孩子**们**
书—*书**们**　　桌子—*桌子**们**　苹果—*苹果**们**　衣服—*衣服**们**

但是，指人的名词并不是什么时候、任何情况下都能加上"们"，也就是说指人的名词表示复数时有时可以加"们"，有时不能加"们"。

(一) 后面能加"们"的指人名词
1. 指人的单个名词后面可以加上"们"，并且可以做主语、定语和宾语。例如：

① 老师**们**都很辛苦。
② 同学**们**都学过一年汉语。
③ 朋友**们**的支持和帮助也非常重要。

④ 感谢老师们！

2. 并列的指人名词一般在最后一项后面加上"们"。例如：

① 老师、学生们都非常辛苦！
② 院长、主任们都来了。

(二) 后面不能加"们"的指人名词

1. "数量＋名词"（"数量"包括"很多"、"不少"等表示数量的词语）后面不能加上"们"。下面的说法都是错误的：

① *这八个学生们都会说一点儿汉语。（这八个学生都会说一点儿汉语。）
② *他有很多朋友们。（他有很多朋友。）

2. 谓语中如果有表示数量的词语，主语中的名词后面不能加上"们"。下面的说法也是错误的：

① *个儿高的孩子们很多。（个儿高的孩子很多。）
② *会游泳的同学们不少。（会游泳的同学不少。）

练习

下面句子中的括号内哪些可以填上"们"，哪些不能？
1. 我有三个哥哥（　　）。
2. 父母（　　）都希望我们学习汉语。
3. 非常感谢我们的老师（　　）。
4. 在中国我交了很多朋友（　　）。
5. 大人（　　）、孩子（　　）都喜欢游泳。
6. 我有两个妹妹（　　）。
7. 现在，胖的孩子（　　）很多。

8. 这个饭店的服务员（　　）都很漂亮。
9. 我们班有五个国家的留学生（　　）。
10. 留学生（　　）都住在校内。

四、处所词和方位词

（一）处所词和方位词的语法功能

处所词和方位词既可以做主语、宾语，还可以做定语、中心语等。

1. 做主语

处所词和方位词经常用来做主语。例如：

① **上海**有很多有名的小吃。
② **上面**没有人了。

 注意

<1> 汉语的处所词和方位词可以直接做主语，前面不用介词"在"。下面的说法都是错误的：

① ***在**北京有很多名胜古迹。（北京有很多名胜古迹。）
② ***在**上面没有人。（上面没有人。）

<2> 单纯方位词很少做主语，做主语时一般要成对出现。例如：

① **上**有天堂，**下**有苏杭。
② **前**怕狼，**后**怕虎。

2. 做宾语

处所词和方位词也经常用来做宾语。例如：

① 我准备去**北京**。
② 弟弟在**前面**，哥哥在**后面**。

注意

单纯方位词很少做宾语,做宾语时一般也要成对出现。例如:

① 书在**上**,本子在**下**。
② 你在**前**,我在**后**。

3. 做定语

处所词可以做定语,但要带"的"。例如:

① **图书馆的**书还了没有?
② **办公室的**桌子都是新的。

复合方位词可以带"的"做定语。例如:

① **里面的**书是谁的?
② 请把**右边的**那件衣服拿给我看看。

4. 做中心语

处所词和方位词都可以做中心语,例如:

① 我们学校的**图书馆**很小。
② 桌子**上面**放着一些书。

 注意

<1>单纯方位词做中心语时,前面不用"的"。例如:

① 桌子**上**有什么?
② 书放在书包里。

<2>复合方位词做中心语,前面可以出现"的",也可以不出现,但是"里边(面/头)"、"上边(面/头)"做中心语时,前面有没有"的"意思有时不一样。例如:

①a 这些东西放在屋子**里边**。
①b 这些东西放在屋子的**里边**。
②a 黑板**上面**贴着课表。
②b 黑板的**上面**贴着课表。

例①a 的"屋子里边"指屋子内部的任何地方，重音在"屋子"上；①b 的"屋子的里边"是指屋子内部靠里面的部分，重音在"里边"上。例②a 的"黑板上面"是指黑板可以写字一面的任何部分，重音在"黑板"上；②b 的"黑板的上面"是指黑板可以写字一面靠上的部分，重音在"上面"上。

<3> "里"做中心语时，定语不能是国名、地名。下面的说法都是错误的：

① *我们生活在中国里。（我们生活在中国。）
② *他住在上海里。（他住在上海。）

(二) 单纯方位词和复合方位词的区别

单纯方位词和对应的复合方位词虽然意思基本相同，但是语法功能有很大的差别，这种差别主要有以下几个方面。

1. 复合方位词可以单独做主语、宾语，单纯方位词一般不行。例如：

① **外边**(面/头)没有人了。
　 *外没有人了。
② 书放**里边**（**面/头**）。
　 *书放**里**。

2. 单纯方位词一般不能做定语，复合方位词可以带"的"做定语。例如：

① **后面**的同学请走快一点儿。
② 你住**外边**的屋子吧。

3. 汉语中有"名词＋的＋复合方位词",但没有"名词＋的＋单纯方位词"等。例如：

① 邮局**的里边**(**面/头**)有很多人。
　　*邮局的**里**有很多人。
② 图书馆**的外边**(**面/头**)就是操场。
　　*图书馆的**外**就是操场。

4. 汉语中有"人称代词＋复合方位词",没有"人称代词＋单纯方位词"。例如：

① **她前边**是谁？
　　***她前**是谁？
② 你在**我后边**。
　　*你在**我后**。

5. 复合方位词可以单用,单纯方位词不行。例如：

A：老师在哪儿？
B：**上边**。
　(***上**。)

五、名词做定语带"的"问题

名词做定语有的要带"的",有的可以不带"的",具体情况如下。

(一) 表示领属义的名词做定语一定要带"的",其他名词做定语一般不带"的"。例如：

李明**的**书　　学校**的**桌子　　玻璃杯子　　心理问题

上面四例中的"李明"、"学校"分别和"书"、"桌子"是领属关系,即"书"属于"李明"、"桌子"属于"学校",因此"李明"、"学校"后面都带"的";"玻璃"、"心理"分别和"杯子"、"问题"不是领属关系,所以"玻璃"、"心理"后面不带"的"。

（二）复合方位词做定语一般要带"的"。详细情况参见本节四（二）（P.7）。

下面句子中的括号内哪些可以填上"的"，哪些不能？
1. 他是汉语（　　）老师。
2. 图书馆（　　）书还了。
3. 宿舍（　　）里有电视、冰箱、洗衣机。
4. 这些都是木头（　　）椅子。
5. 哥哥（　　）书包是新的。
6. 塑料（　　）杯子很便宜。
7. 妈妈（　　）性格比爸爸的好。
8. 有汉语（　　）词典吗？
9. 教室（　　）前面有很多自行车。
10. 弟弟（　　）裤子破了。

第二节　动　词

一、动词的类别

表示行为、动作、心理活动、发展变化等的词叫做动词。动词可以按照不同的标准进行分类。

（一）意义分类

可以根据动词表示的意义把动词分为以下几类：

类别		例词
动词	动作动词	唱、笑、说、叫、打、玩、放、拿
	状态动词	想、爱、恨、怕、喜欢、希望、讨厌、害怕
	关系动词	是、有、叫、姓、属于、成为、当作
	能愿动词	能、会、应、应该、可以、可能、必须、愿意

1. 动作动词

表示行为、动作的动词叫做动作动词。这类动词数量很大，像"跑、跳、打、飞、玩、洗、学习、洗澡、介绍"等。

2. 状态动词

表示心理、生理或精神状态的动词叫做状态动词。这类动词不多，常用的有"想、爱、恨、聋、哑、瞎、醉、病、喜欢、希望、害怕"等。

3. 关系动词

表示主语和宾语之间的关系的动词叫做关系动词。关系动词很少，主要有"是、有、叫、姓、属于、像、成为、当作、等于"等。这类动词的意义比较抽象。

4. 能愿动词

表示意愿、判断或评价等的动词叫做能愿动词。这类动词是一个封闭的类，主要有"能、会、应、应该、应当、可、可以、可能、必须、得、准、肯、愿意"等。

(二) 按能否带宾语分类

动词有的可以带名词（短语）和代词做宾语，而有的不能带这种宾语，据此可以把动词分为及物动词和不及物动词。

1. 及物动词

可以带名词（短语）和代词做宾语的动词叫做及物动词，像"看、找、写、做、骑、穿、喝、研究、学习、访问"等。例如：

① 我**看**电影，你呢？
② 请**喝**茶！

及物动词又可以分为两类，一类是只能带一个宾语的，像"听、写、吃、爱、喜欢"等。例如：

① 他在**听**音乐。
② 弟弟**喜欢**这件礼物，你送给他吧。

一类是能带两个宾语的，像"给、借、卖、送、还、租、问、教、告诉"等。例如：

① 生日那天李老师**给**我一本书。
② 刘老师**教**我们口语。

2．不及物动词

不能带名词（短语）和代词做宾语的动词叫做不及物动词，像"活、醒、躺、站、休息、出发、前进、胜利、失败"等。例如：

① 孩子**醒**了吗？
② 后天早上八点**出发**，千万别忘了！

(三) 按所带的宾语分类

动词还可以按照所带宾语的性质分为体宾动词和谓宾动词两类。

1．体宾动词

能带名词（短语）、代词做宾语的动词叫做体宾动词，像"买、卖、画、写、做、听"等。例如：

① 他**买**书，我**买**本子。
② 孩子在**画**画儿，咱们别进去了。

2．谓宾动词

只能带动词（短语）、形容词（短语）做宾语的动词叫做谓宾动词，像"觉得、认为、希望、进行、开始、继续、加以、敢于、值得、受"等。例如：

① 我**觉**得有点儿热,把空调打开吧。
② 这部电影**值**得再看一遍。

仿照例子给下面的动词加上宾语。

例:给—给(他)(一本书)
　　　给(弟弟)(一个玩具)

借—　　租—　　卖—　　送—
问—　　教—　　告诉—　还(huán)—

二、动词的语法功能

动词可以做谓语、定语、宾语、补语、主语等。

(一) 做谓语

做谓语是动词的主要语法功能。例如:

① 我**看**,你**看**吗?
② 孩子们**走**了。

(二) "动词+的"可做定语

"动词+的"经常用来做定语。例如:

① 这是**看**的东西,不是**玩**的东西。
② **睡觉**的那个人是谁?

 注意

汉语的动词一般不能直接做名词的定语。下面的说法都是错误的。

① ***睡觉**时候请关灯。 (**睡觉**的时候请关灯。)

② *咱们找一个**休息**地方。（咱们找一个休息的地方。）

（三）做宾语
动词可以做能愿动词、状态动词等的宾语，也可以做一些介词（像"比"）的宾语。例如：

① 今天可以**玩儿**。
② 妹妹喜欢**看**电视。
③ **赢**比**输**好。

（四）做补语
动作动词和一些状态动词可以做补语。例如：

① 书弄**丢**了。
② 把孩子带**走**。

（五）做主语
动词做主语有一些限制，常用于"比"字句。例如：

① **笑**比**哭**好。
② **复习**总比不复习好。

三、动词重叠式
汉语的动词有的可以重叠起来使用，但是不同的动词，重叠的方式往往不同。动词重叠式不仅语法功能与动词有差别，而且具有特殊的语法意义。

（一）动词重叠的方式
1. 单音节动词
单音节动词的重叠式是AA或A一A（A代表动词），AA中的第二个音节一般轻读，即读成A·A（"·"表示后一个A轻读）；A一A中的"一"轻读，即读成A·一A。例如：

看—看·看 (kàn·kan)　听—听·听 (tīng·ting)

讲—讲一讲（jiǎng·yijiǎng）

2．双音节动词

双音节动词的重叠式一般是ABAB（A、B代表动词的两个音节），第二、四个音节轻读，即读成A·BA·B。例如：

学习—学·习学·习（xué·xi xué·xi）
休息—休·息休·息（xiū·xi xiū·xi）
研究—研·究研·究（yán·jiu yán·jiu）

有少数双音节动词，两个成分表示的是两种行为动作，像"说笑、来往、打闹"，这些动词的重叠式是AABB，重叠后读音不发生变化。例如：

说笑—说说笑笑　来往—来来往往　打闹—打打闹闹

(二) 动词重叠式的语法意义

动词重叠式的基本语法意义是表示行为动作持续一段时间或重复。例如：

① 咱们**看看**地图再说吧。
② 大家多**商量商量**再做决定。
③ 老师**拍了拍**我的肩膀，说："没关系！"

例①的"看看"表示"看"这个行为动作持续一段时间；例②的"商量商量"表示"商量"这个行为动作也持续一段时间；例③的"拍了拍"表示"拍"这个行为动作重复。

(三) 动词重叠情况

汉语的动词有的可以重叠，有的不能重叠。能重叠的一般都是表示行为动作的。例如：

看—看看　　说—说说　　问—问问

汉语中不能重叠的动词很多，下列动词都不能重叠：

1. 趋向动词"来、进、出、上、下、进去、出去"等；
2. 状态动词"怕、恨、爱、害怕"等；
3. 关系动词"在、是、有、属于、存在"等；

(四) 动词重叠式的语法功能

动词重叠式可以做谓语、宾语、主语等。

1. 做谓语

做谓语是动词重叠式的基本语法功能。例如：

① 饺子有点儿咸，你**尝尝**。
② 这件事怎么处理，同学们**讨论讨论**吧。

2. 做宾语

动词重叠式也可以做宾语，但谓语动词多是表示心理状态的。例如：

① 虽然汉语水平考试很难，但是我希望**试试**。
② 走了半天了，大家想**休息休息**。

3. 做主语

动词重叠式也可以做主语。例如：

① **试试**行吗？
② **看看**没坏处。

(五) 动词重叠式的宾语

动词重叠式可以带宾语，所带宾语主要有如下几种。

1. 名词（短语）。例如：

① 这个问题我也不会，咱们问问**老师**吧。
② 请每个同学都介绍介绍**自己的学习经验**。

2. 代词或"代词＋（数词）＋量词＋（名词）"。例如：

① 你去找找**他**，没准他能帮你。

② 看看这(一)本，这本容易一点儿。

3. "的"字短语。例如：

① 我写的不太好，你看看他写的。
② 这件有点儿小，有没有大一点儿的？

4. 主谓短语。例如：

① 明天上课的时候，问问谁愿意参加这次比赛。
② 现在我们讨论讨论这事应该怎么办。

 注意

动词重叠式不能带数量（名）宾语。下面的说法都是错误的：

① *我们喝喝两瓶啤酒。（我们喝喝啤酒。）
② *妈妈洗了洗几件衣服。（妈妈洗了洗衣服。）

(六) 动词重叠式使用时应注意的问题

1. 动词重叠式常用于祈使句中，语气比较缓和。例如：

① 咱们问问老师吧！
② 明天晚上大家一起聚聚。

2. 动词重叠式可以表示经常性的或没有确定时间的动作，含有"轻松"、"随便"的意思。例如：

① 到处走走，看看，就不会有烦恼了。
② 周末在宿舍听听音乐、看看电视、做做作业，一点儿也不寂寞。

3. 动词重叠式经常用于表达主观愿望，含有委婉的意思。例如：

① 明年我想去中国看看。
② 这个问题我们还不明白，你再给我们讲讲吧。

4. 动词重叠式只有下面两种情况才有否定式。

用于疑问句或反问句中。例如：

① 你**不洗洗**脸？
② 出国之前，妈妈**没嘱咐嘱咐**你吗？

用于假设句或条件句中，这种情况下多是双音节动词的重叠式。例如：

① **不调查调查**可不行。
② **不准备准备**肯定做不好。

5. 动词重叠式不能带"了"、"着"、"过"，前面不能出现"正"、"正在"、"在"等表示行为动作进行或持续的副词。

一、下面的词语哪些可以重叠，哪些不能重叠；能重叠的，请写出重叠式。

  进行 加以 感冒 喜欢 通过 禁止 拥护
  支持 站   希望 洗澡 怕   想念 发现
  懂得 走   变化 表示 跑   活   打闹

二、判断正误，如有错误，请改正。

 1. 咱们说说明天比赛的事吧！
 2. 你去过上海，给我介绍介绍一些情况。
 3. 今天没有时间了，明天再讨论讨论第二个问题。
 4. 你已经三十岁了，该想想结婚的事了。
 5. 这个汉字不认识，问问那个老师。
 6. 你摸摸这件衣服，质量挺好的。
 7. 洗洗两只手吃饭吧！
 8. 这双鞋有点儿小，让我试试42号的。

9. 这个问题我不明白,可以请教请教你吗?
10. 回去跟你爸爸好好商量商量明年去不去留学。

四、离合词

汉语有些动词,像"见面、吵架、打架、道歉、结婚、离婚、分手、聊天、谈话、散步、跳舞、游泳、考试、毕业、滑冰、睡觉、担心、操心、开玩笑、劳驾、请客、生气、帮忙、找茬"等,既可以当作一个动词使用,也可以前后两个成分分开来使用(三个音节的一般是前一个音节和后面两个音节分开来),前一个成分相当于动词,后一个成分相当于名词。例如:

① 他们明天**见面**。
② 我和他只**见**过一次**面**。

例①的"见面"是一个动词,例②的"见面"中间出现了"过",而且还有数量补语"一次","见"是动词,"面"是名词,做宾语。

(一)"了"、"着"、"过"的位置

"了"、"着"、"过"只能出现在离合词的第一个成分后面。例如:

① 大学毕**了**业我就参加工作了。
② 我们还跳**过**舞呢!
③ 大家边走边聊**着**天。

(二)涉及的对象的位置

离合词涉及的对象一般要用介词引导放在离合词前面,有的要放在离合词第二个成分的前面做定语。例如:

① 我没**跟你**见过面。
② 他已经**向我**道歉了。
③ 别开**弟弟的**玩笑了!

例①"见面"的对象"你"用介词"跟"引导放在"见面"的前面;

例②"道歉"的对象"我"用介词"向"引导放在"道歉"的前面；例③"开玩笑"的对象"弟弟"放在"玩笑"的前面做定语。

涉及的对象要用介词引导放在离合词前面的，主要有"见面、干杯、发火、生气、吵架、打架、道歉、结婚、离婚、分手、招手、聊天、谈话、散步、跳舞、游泳、毕业、滑冰、睡觉、担心、操心、开玩笑"等。不过，不同的离合词，所用的介词并不完全一样，具体搭配情况如下表：

介词	离合词	例句
跟/和……	见面、干杯、生气、吵架、打架、结婚、离婚、分手、聊天、谈话、散步、跳舞、游泳、滑冰、睡觉、开玩笑	① 弟弟跟哥哥吵架了。 ② 我们和那些中学生聊了一会儿天。 ③ 老师跟她谈了一次话。 ④ 和我跳个舞吧！ ⑤ 不要跟她开玩笑！
为/替……	担心、操心	① 大家都替你担心呢！ ② 爸爸、妈妈为我们操了很多心。
向……	道歉、发火、招手	① 我向你道歉！ ② 你别向我们发火！
从……	毕业	她从这儿毕业的。

涉及的对象做第二个成分的定语的离合词主要有"帮忙、操心、劳驾、请客、生气、开玩笑、找茬、上当、沾光"等。

离合词不能带宾语。下面的说法都是错误的：

① *昨天我见面了一个朋友。（昨天我跟一个朋友见面了。）
② *你别开玩笑我。（你别和我开玩笑。/你别开我的玩笑。）

（三）补语的位置

补语只能放在离合词的第一个成分的后面。例如：

① 吵**完**架什么事都没了。
② 我们一起滑了**一会儿**冰。
③ 他也上过**一次**当。

练习

用指定的词语完成对话。
1. A：你认识他吗？
   B：（   ）（见面）
2. A：昨天晚上你干什么了？
   B：（   ）（聊天）
3. A：好久没看见你女朋友了。
   B：（   ）（分手）
4. A：（   ）（睡觉）
   B：睡了八个小时。
5. A：（   ）（生气）
   B：生你的气。
6. A：老师，您真漂亮！
   B：（   ）（开玩笑）
7. A：昨天晚上你没回来睡觉，（   ）（担心）
   B：我已经二十岁了，不会有事的。
8. A：（   ）（结婚）
   B：我们认识才一个星期，怎么可能呢？
9. A：（   ）（吵架）
   B：我和我的同屋关系非常好。
10. A：我的行李太多，（   ）（帮忙）
    B：没问题，我帮你拿箱子吧。

五、能愿动词

（一）能愿动词的分类及语法功能

能愿动词可以根据意义分为五类：

	类别	例词
能愿动词	可能类	可能、会、可、可以、能、能够
	必要类	应、应该、应当、该、得
	愿望类	愿、愿意、情愿、想、肯、敢、敢于
	估价类	值得、便于、难于、善于
	许可类	准、准许、许、允许

能愿动词可以做谓语，能带动词（短语）、形容词（短语）做宾语，但不能带"着"、"了"、"过"。例如：

① A：我们**可以**进来吗？

　　B：你**可以**，他不行。

② 明天的考试**应该**不太难。

（二）能愿动词"能"、"可以"、"会"

"能"、"可以"、"会"都是能愿动词，而且同中有异。

1. "能"、"可以"表示主观上具有某种能力，但"会"表示学习后具有某种能力。例如：

① 你**能**学好汉语，我也**能**。
② 哥哥**可以**喝一瓶啤酒。
③ 我们都**会**说汉语。

⚠️ 注意

"能"不能表示学习后具有某种能力。下面的说法都是错误的：

① *我会说汉语，但是不**能**写。（我会说汉语，但是不**会**写。）
② *姐姐二十岁了，可是不**能**做饭。（姐姐二十岁了，可是不**会**做饭。）

2. "能"、"可以"表示具备某种客观条件。例如:

① 这点儿工作一天就**能**完成。
② 这儿有个地方,**可以**放一把椅子。

3. "能"、"可以"都表示情理上许可,但"能"多用于疑问句和否定句,"可以"一般用于肯定句。例如:

① 考试的时候**不能**看书。
② 教室外面**可以**抽烟,里面不行。

4. "能"、"可以"都表示"准许","能"多用于疑问句和否定句,"可以"多用于疑问句和肯定句。例如:

① A:弟弟**能**跟我一起去吗?
　 B:**不能**。
② A:**可以**进来吗?
　 B:**可以**。
③ 你们**可以**回家了。

注意

"可以"一般不能用于否定句。下面的说法都是错误的:

① *喝酒以后不可以开车。(喝酒以后不能开车。)
② *这本书你不可以拿走!(这本书你不能拿走!)

5. "能"、"会"表示善于做某事,但"能"表示量多,"会"表示做得好。例如:

① 李老师真**能**说,已经讲了三个小时了!
② 你真**会**说,把死人说活了。

6. "会"表示有可能。例如:

① 看样子明天不**会**下雨。
② 已经三月了，还**会**冷吗？

"能"、"可以"、"会"的异同大致如下表：

意义＼词	能	可以	会
具有某种能力	√（主观上具有）	√（主观上具有）	√（学习后具有）
具备某种客观条件	√	√	×
情理上许可	√（疑问句、否定句）	√（肯定句）	×
准许	√（疑问句、否定句）	√（疑问句、肯定句）	×
善于做某事	√（量多）	×	√（做得好）
可能	×	×	√

练习

用"能"、"可以"、"会"填空。

1. 你真（　　）睡，睡了十个小时还没睡好。
2. 天这么黑，我不（　　）让你走。
3. 这本书今天就（　　）看完。
4. 橘子皮（　　）用来做菜。
5. 你真（　　）说话。
6. 你不（　　）这么说，他这么做是为了你好。
7. 这么重要的会议领导（　　）不参加吗？
8. 一个小时我（　　）跑二十公里。

9. 这次考试没想到（   ）这么顺利！
10. 爸爸（   ）不（   ）批评我？

第三节　形容词

一、形容词的类别

表示人、事物的性状、性质或行为动作等的状态的词叫做形容词。形容词可以按照意义分类，也可以按照句法功能分类：

（一）意义分类

形容词按照意义可以分为性质形容词和状态形容词两类：

	类别	例词
形容词	性质形容词	大、小、老、胖、瘦、高、矮、漂亮、干净
	状态形容词	雪白、银灰、草绿、绿油油、热乎乎、冷冰冰

1. 性质形容词

表示人、事物性质的形容词叫做性质形容词，像"长、短、高、低、胖、瘦、漂亮、干净"等。例如：

① 这件衣服太**长**了。
② 那位老师真**高**！
③ 你太**瘦**了！

2. 状态形容词

表示人、事物或行为动作状态的形容词叫做状态形容词，像"雪白、通红、热乎乎、红通通、冷冰冰、慢悠悠"等。例如：

① 昨晚下了一场大雪，现在外边一片**雪白**。

② 孩子的手冻得**通红**。
③ 快上课了，他还**慢悠悠**地往教室走。

(二) 功能分类

形容词按照句法功能可以分为谓语形容词和非谓形容词两类：

类别		例词
形容词	谓语形容词	大、小、高、矮、长、短、胖、瘦、干净、漂亮、热闹
	非谓形容词	男、女、正、副、公、母、黑白、彩色

1. 谓语形容词

既可以做定语，也可以做谓语的形容词叫做谓语形容词，像"大、小、长、短、远、近、厚、薄"等。例如：

① 我们两个她**大**，我小。
② 学校离我家很**远**。

2. 非谓形容词

只能做定语、不能做谓语的形容词叫做非谓形容词，像"男、女、大型、小型、黑白、彩色"等。例如：

① 我们班**男**学生多。
② **女**孩子都喜欢这种东西。

二、形容词的语法功能

形容词可以做定语、谓语、状语、补语、主语和宾语。

(一) 做定语

形容词一般做定语，这是形容词的主要语法功能之一。例如：

① **红**帽子不好看。
② 谁都喜欢**漂亮**衣服。

<1> 形容词"多"、"少"不能直接做名词的定语，下面的说法都是错误的：

① *他爸爸有**多**钱。（他爸爸有**很多**钱。）
② *我们有**少**机会说汉语。（我们说汉语的机会**很少**。）

<2> "多"做名词的定语，前面应该加上副词"很"。例如：

① 他爸爸有**很多**钱。
② **很多**朋友都去过中国。

<3> "多"可以带"的"做"数词＋量词＋（名词）"的定语。例如：

① **多**的一箱苹果我要。
② **多**的一包给你吧。

<4> "少"前面加上副词"很"也不能做名词的定语，只能做"几＋量词＋(名词)"的定语。例如：

① 教室里只有**很少**几个人。
② 他只有**很少**几个中国朋友。

（二）做谓语

形容词也可以做谓语。例如：

① 爸爸**高**，妈妈**矮**。
② 姐姐不漂亮，妹妹**漂亮**。

<1> 形容词一般不能单独做谓语，做谓语时前面不能出现"是"。详细情况参见第三章第二节一（二）（P.102）。

<2> 非谓形容词不能做谓语。下面的说法都是错误的：

① *我们班的学生都女。（我们班的学生都是女的。）
② *这台电视彩色。（这台电视是彩色的。）

(三) 做状语
形容词有些可以做状语。例如：

① **快**说！
② 我们班的同学都**努力**学习汉语。

(四) 做补语
性质形容词和一些状态形容词可以做补语。例如：

① 孩子长**大**了，自己也老了。
② 衣服洗**干净**了，晾出去吧。
③ 字太小，看不**清楚**。

(五) 做主语
形容词有的可以做主语，一般用于"比"字句和谓语动词为关系动词的句子中。例如：

① **瘦**比胖好。
② **美丽**属于年轻人。

(六) 做宾语
形容词有的也可以做宾语。例如：

① 女孩爱**干净**。
② 老人喜欢**安静**。

三、形容词重叠式
(一) 形容词重叠的方式
1. 单音节形容词
单音节形容词的重叠式是AA（A代表形容词），AA的第二个音节一般读第一声，口语中常常儿化。例如：

好—好好儿（hǎohāor） 　　远—远远儿（yuǎnyuānr）
慢—慢慢儿（mànmānr） 　　早—早早儿（zǎozāor）

2．双音节形容词

双音节形容词的重叠式一般是AABB（A、B代表形容词的两个音节），第二个音节一般轻读，即读成A·ABB。例如：

热闹—热·热闹闹（rè·re-nàonào）
漂亮—漂·漂亮亮（piào·piao-liàngliàng）
干净—干·干净净（gān·gan-jìngjìng）

以上重叠式是对性质形容词来说的，状态形容词的重叠式是ABAB。例如：

雪白—雪白雪白　　通红—通红通红　　冰凉—冰凉冰凉

(二) 形容词重叠情况

汉语的形容词有的可以重叠，有的不能重叠。能重叠的一般是常用的性质形容词或口语形容词，书面语形容词一般不能重叠。例如：

长—长长　　高—高高　　漂亮—漂漂亮亮　　高兴—高高兴兴
坚强—*坚坚强强　　巨大—*巨巨大大　　困难—*困困难难

此外，非谓形容词也都不能重叠。例如：

男—*男男　　女—*女女　　黑白—*黑黑白白　　大型—*大大型型

(三) 形容词重叠式的语法意义

形容词重叠式的基本语法意义是表示程度深。例如：

① **慢慢**吃，别着急！
② 放假以后我要**痛痛快快**玩一玩。
③ 衣服洗得**干干净净**的。

形容词重叠式做定语时表示程度适中，有时还带有喜爱的色彩。

例如：

① 那孩子**长长**的头发，**圆圆**的脸，长得像个洋娃娃。
② 他女儿**高高**的个儿，**大大**的眼睛，挺好看的。

(四) 形容词重叠式的语法功能
形容词重叠式可以做状语、定语、补语和谓语。
1. 做状语
形容词重叠式常用来做状语。例如：

① **慢慢**说！
② 孩子们**高高兴兴地**玩了起来。

2. 做定语
做定语是形容词重叠式的基本语法功能，但做定语时要带"的"。例如：

① 那孩子**圆圆的**脑袋，**高高的**鼻梁，挺可爱的。
② 小伙子**浓浓的**眉毛，**大大的**眼睛，挺帅的。

3. 做补语
形容词重叠式可以放在"得"后做补语，但是要带"的"。例如：

① 儿子的脸晒得**红红的**。
② 她的被子叠得**整整齐齐的**。

4. 做谓语
形容词重叠式带"的"可以做谓语。例如：

① 姐姐的头发**长长的**，看起来很漂亮。
② 你**慌慌张张的**，要去哪儿呀？

下面的词哪些可以重叠，哪些不能重叠；能重叠的，请写出重叠式。

认真　大　着急　生气　干净　脏　胖　瘦　痛快
快乐　远　幸福　高　平安　长　短　红　白

四、形容词做定语带"的"问题

形容词做定语有时要带"的"，有时不能带"的"，有时带不带都可以。

（一）单音节形容词做定语一般不带"的"，即"单音节形容词＋名词"。例如：

① 她买了一辆**旧自行车**。
② **大房间**没有了，只剩下**小房间**了。

但是为了突出或强调形容词，有时也可以带"的"。例如：

① 谁都想住**大的房子**。
② **坏的苹果**不能吃。

（二）双音节形容词做单音节名词的定语要带"的"，即"双音节形容词＋的＋单音节名词"。例如：

① 我有**重要的事**想跟你商量。
② 他是一个**诚实的人**。

双音节形容词做双音节名词的定语，可带"的"，也可以不带，即"双音节形容词＋（的）＋双音节名词"。例如：

① 还有一个月就要毕业了，四年**快乐**生活就要结束了。
　　还有一个月就要毕业了，四年**快乐的**生活就要结束了。

② 你换一件**干净**衣服。
　你换一件**干净的**衣服

（三）形容词重叠式做定语一定要带"的"，即"形容词重叠式＋的＋名词（短语）"。例如：

① 你女儿**大大的**眼睛，**圆圆的**脸，挺可爱的！
② 我们应该做一个**老老实实的**人。

五、形容词做状语带"地"问题

形容词做状语有的要带"地"，有的不能带"地"，有的带不带"地"都可以。

（一）单音节形容词做状语不带"地"。例如：

① 学汉语一定要**多**说、**多**看、**多**记！
② 您**慢**走！

（二）双音节形容词做状语一般要带"地"。例如：

① 孩子们**高兴地**唱了起来。
② 他**愉快地**接受了我们的邀请。

（三）形容词重叠式带不带"地"都可以，但倾向于不带"地"。例如：

① **慢慢**（地）吃，别着急！
② 在这儿**舒舒服服**（地）睡一觉。

不过，带"地"以后带有突出或强调的色彩，试比较：

① 孩子**重重**摔在了地上。
② 孩子**重重地**摔在了地上。

例①的"重重"后面没有"地"，例②的"重重"后面有"地"，无论视觉上还是听觉上，后一例中的"重重"都比前一例中的突出。

练习

下面句子中的括号内哪些可以填上"地",哪些不能。

1. 让他快（　　）回去吧!
2. 你要认真（　　）看看这本书。
3. 今天晚上可以舒舒服服（　　）睡一觉了。
4. 孩子们高高兴兴（　　）玩了起来。
5. 把手慢慢（　　）举起来。
6. 这是玻璃的,一定要轻（　　）放。
7. 我们已经顺利（　　）到达北京。
8. 弟弟痛快（　　）答应了。
9. 同学们都在努力（　　）学习汉语。
10. 妈妈生气（　　）批评了我一顿。

第四节　代　词

一、代词的类别

代替名词、动词、形容词等的词叫做代词。代词可以按照意义分为三类:

	类别	例词
代词	人称代词	我、你、他、我们、你们、他们、咱们
	指示代词	这、那、这里、那里、这儿、那儿
	疑问代词	谁、什么、哪儿、多少、几

（一）人称代词

代替人物的词叫做人称代词。汉语的人称代词主要有：

单数	我	咱	你	您	他	她	它
复数	我们	咱们	你们	——	他们	她们	它们

除此之外，还有"人家、别人、自己、大家、大伙"等。

"我"是第一人称单数，指代说话人，复数形式是"我们"。例如：

① **我**姓李。
② **我们**都是留学生。

"咱"也是第一人称单数，指代说话人，但是是方言说法，复数形式是"咱们"。"咱"还可以表示第一人称复数，相当于"咱们"。例如：

① 别看我没上过学，可**咱**知道什么是好，什么是坏。（咱=我）
② 孩子，**咱**回家吧！（咱=咱们）
③ 妈妈，**咱们**什么时候吃饭呀？

"你"是第二人称单数，指代听话人，复数形式是"你们"。

① **你**叫什么名字？
② 老师叫**你们**呢！

"您"也是第二人称单数，是一种敬称。

老师，**您**贵姓？

"他"是第三人称单数，指代说话人和听话人以外的男性；性别不明或没有区分的必要时，也用"他"来指代。复数形式是"他们"。

① **他**是我同屋。
② 从名字看不出来**他**是男的还是女的。

33

"她"也是第三人称单数,指代说话人和听话人以外的女性,复数形式是"她们"。

① **她**是我姐姐。
② 你认识**她们**吗?

"它"指代人以外的事物,复数形式是"它们"。

① 这个苹果已经坏了,扔了**它**吧。
② 这些狗到处乱跑,把**它们**关起来!

注意

<1> "我"和"我们"

"我"是单数,"我们"是复数,但是为了增强说服力,"我们"有时也可以表示单数。例如:

① **我们**认为这个问题早已解决了。(我们=我)
② 你这么想,但是**我们**不这么想。(我们=我)

<2> "我们"和"你们"

说话人有时把自己置于说话人之中,用"我们"代替"你们",给人亲近的感觉。例如:

老师:这次考试,**我们**一定要好好复习!(我们=你们)

<3> "我"、"你"和"他"

"我"、"你"、"他"可以表示泛指,即表示不确定的人,一般用于"你……,我……"对举格式中,例如:

① 昨天的讨论,大家**你说一句**,**我说一句**,讨论得很热闹。("你"相当于"那个人","我"相当于"这个人"。)
② 大家**你看看我**,**我看看你**,谁也不说话。("我"相当于"这个人","你"相当于"那个人"。)

③ 同学们**你捐一块**，**他捐两块**，不到一天就捐了一千多块钱。（"你"相当于"这个人"，"他"相当于"那个人"。）

(二) 指示代词

区别人或事物等的代词叫做指示代词。汉语的指示代词有近指和远指的区别，近指用"这"，远指用"那"。指示代词主要有：

表示的意义	近指	远指
指代人或事物	这	那
指代时间	这时、这会儿	那时、那会儿
指代处所	这儿、这里	那儿、那里
指代性质或方式	这样、这么样	那样、那么样
指代程度	这么	那么

(三) 疑问代词

用来提问的代词叫做疑问代词。汉语的疑问代词主要有：

作用	代词
问人	谁、什么（人）、哪（位/个）
问事物	什么（东西/事）、哪（个/本/件）
问时间	什么（时候/时间）、几（点）、多（长时间）
问处所	哪儿、哪里、什么（地方）
问数量	几、多少
问性质	怎么、怎样、怎么样
问方式	怎么、怎样、怎么样

二、代词的语法功能

代词可以做主语、宾语、定语，有的还可以做状语、谓语。

(一) 做主语

代词可以用来做主语。例如：

① **这**是书，**那**是本子。
② **谁**看过那部电影？

(二) 做宾语
代词也可以做宾语。例如：

① 我住**这儿**，你住**那儿**。
② 你觉得**怎么样**？

(三) 做定语
代词经常用来做定语。例如：

① **这**书我不能要！
② 他是**怎么样**的一个人你还不知道？

(四) 做状语
指代程度或方式的指示代词可以做状语。例如：

① 今天**这么**热，不去怎么样？
② 咱们**怎么**去？

(五) 做谓语
问性质的疑问代词可以做谓语。例如：

① 你**怎么**了？
② 这件衣服**怎么样**？

三、疑问代词的特殊用法

疑问代词除了可以用来提问以外，还有一些特殊用法。

(一) 用于反问句
疑问代词可以用于反问句，其形式与疑问句相同，但是表达的意思却不同。一般情况下，句中有否定副词的时候，表达的是肯定的意思；没有否定副词的时候，表达的是否定的意思。例如：

① 烤鸭**谁**没吃过呀？（意思为"烤鸭谁都吃过"）
② 我**哪儿**知道他什么时候走的？（意思为"我不知道他什么时候走的"）
③ 现在已经十点了，走**什么**呀？（"走什么"意思为"不要走"）

(二) 表示任指

疑问代词"谁"、"什么"、"哪"、"哪儿"、"怎么"等可以用来指任何人、任何事物或任何方式，句中常常有"都"和它们搭配，组成"谁……都……"、"什么……都……"、"哪……都……"、"哪儿……都……"和"怎么……都……"这样的句子。例如：

① 我们班的学生**谁**都会说汉语。（"谁"意思为"任何人"）
② **什么时候**都可以来找我。（"什么时候"意思为"任何时候"）
③ 刚到北京的时候，**哪儿**都不知道。（"哪儿"意思为"任何地方"）

同一个疑问代词也可以前后呼应，组成"谁……谁……"、"什么……什么……"、"哪儿……哪儿……"、"怎么……怎么……"等句子，用来表示任指。例如：

① **谁**想去**谁**去。
② **哪儿**好玩，咱们就去**哪儿**。
③ 放假了，想**怎么**玩就**怎么**玩。

(三) 表示不定指

疑问代词"谁"、"什么"、"哪儿"等还可以用来指不确定的人或事物等。例如：

① 今天晚上我想跟**谁**去看个电影。（"谁"指"不确定的人"，相当于"某人"。）
② 现在已经十一点了，咱们去饭馆吃点**什么**吧。（"什么"指"不确定的东西"，相当于"某东西"。）
③ 这个人我好像在**哪儿**见过。（"哪儿"指"不确定的地方"，相当于"某地"。）

(四) 表示虚指

口语中，人称代词"他"有时并不指具体的人，只起着衬字的作用。例如：

① 既然是免费的，我也吃他一个苹果。

② 听说这部电影不错，咱也看他一次。

例①除了有"我吃一个苹果，这个苹果是他的"这样的意思以外，还有"我也吃一个苹果"的意思，这时的"他"并不是指人，而是虚指，起着衬字的作用。例②中的"他"也有同样的作用。

仿照例子，用指定的词语完成句子。

  例：什么好吃，（　　　　　　）（什么）
  →什么好吃，（我们就吃什么。）

1. 谁想去，（　　　　　　）（谁）
2. 什么便宜，（　　　　　　）（什么）
3. 怎么做好吃，（　　　　　　）（怎么）
4. 他能喝多少，（　　　　　　）（多少）
5. 哪儿离学校近，（　　　　　　）（哪儿）
6. 大家想买什么，（　　　　　　）（什么）
7. 你喜欢谁，（　　　　　　）（谁）
8. 你们想去哪儿，（　　　　　　）（哪儿）
9. 大家需要多长时间，（　　　　　　）（多长）
10. 什么时候想去，（　　　　　　）（什么时候）

四、代词做定语带"的"问题

代词做定语有的要带"的",有的不能带"的",有的带不带都可以。

(一) 人称代词做表示人的名词的定语,一般不带"的";做其他名词的定语,要带"的"。例如:

他爸爸　　　我弟弟　　　你爷爷　　　我们老师
他的东西　　你的手　　　我的书包　　我们的桌子

(二) 指示代词做定语不带"的"。例如:

这人　　　　那班　　　　这东西　　　那书包

(三) 疑问代词做定语有的要带"的",有的不能带"的"。一般情况下,"谁"、"怎样"、"怎么样"做定语要带"的"。例如:

谁的东西　　　　　谁的妈妈　　　　　谁的钱包
怎样的一个人　　　怎样的一种环境　　　怎样的一所大学
怎么样的一个人　　怎么样的一种环境　　怎么样的一所大学

⚠ 注意

<1> "怎样"、"怎么样"做定语,中心语一般为"一+量词+名词",不能是单个名词。下面的说法都是错误的:

① *他是**怎样的人**,你不知道吗? (他是**怎样的**一个人,你不知道吗?)
② *那是**怎么样的**大学,大家都清楚。 (那是**怎么样的**一所大学,大家都清楚。)

<2> "什么"做定语不能带"的"。例如:

什么人　　什么事情　　什么时候

第五节 数 词

一、数词的类别

表示数目的词叫做数词。数词可以根据意义分为如下几类：

数词	类别	例词
	基数	1、2、3、4、5……9、10
	序数	第一、老二、初六、一号、三月、五班
	倍数	1倍、2倍、10倍、108倍
	小数	0.5、1.2、3.1415、88.8、100.35
	分数	$\frac{1}{2}$、$\frac{3}{4}$、8%、5‰
	概数	八九个、七八天、二十多斤、十来人、两个星期左右

（一）基数

基数分为系数和位数两部分，系数是：

1 2 3 4 5 6 7 8 9 10 两

位数是：

个 十 百 千 万 十万 百万 千万 亿

"十"以下的数目直接称数。例如：

1 读作 yī　　　　　　2 读作 èr
5 读作 wǔ　　　　　　10 读作 shí

"十一"到"十九"的数目是先称说位数"十"，再称说个位数。例如：

11 读作 shí-yī　　　　　　12 读作 shí-èr

19　读作　shí–jiǔ

"二十"以上的数目先称说系数,然后再称说位数。例如:

20　读作　èr–shí　　　　21　读作　èr–shí–yī
181　读作　yì–bǎi bā–shí–yī　1560　读作　yì–qiān wǔ–bǎi liù–shí

"万"、"亿"以上的数目,以"万"、"亿"为单位,"万"、"亿"以上的数目和"万"以下的数目读法相同。例如:

356732　读作　sān–shí–wǔ wàn liù–qiān qī–bǎi sān–shí–èr
1398560800　读作　shí–sān yì jiǔ–qiān bā–bǎi wǔ–shí–liù wàn bā–bǎi

注意

<1>"万"以上,"十万"以下的数目先称说系数,然后再称说位数。下面的说法都是错误的:

18500　*shí–bā qiān wǔ–bǎi（yī–wàn bā–qiān wǔ–bǎi）
96856　*jiǔ–shí–liù qiān bā–bǎi wǔ–shí–liù（jiǔ–wàn liù–qiān bā–bǎi wǔ–shí–liù）

<2> 100以上的数字,十位上的"1"要读出来。例如:

111　　读作　yì–bǎi yī–shí–yī
2319　　读作　liǎng–qiān sān–bǎi yī–shí–jiǔ

<3> 数字末尾的"0",不管有几个,都不读出来。例如:

560　　　读作　wǔ–bǎi liù（shí）
235000　　读作　èr–shí–sān wàn wǔ–qiān

<4> 数字中间有"0"的,不管有几个,只读一个。例如:

208　　　读作　èr–bǎi líng bā
100050　　读作　shí wàn líng wǔ–shí

<5> "二"和"两"的区别：

① 小数、分数、序数中用"二"。例如：

二点二　　　三点零二　　　十点八二
二分之一　　百分之二　　　二又二分之一
第二　　　　老二　　　　　二级

② 号码中用"二"。例如：

312（三幺（yāo）二）　　922（九二二）

③ "两"可以用在所有量词前面，"二"只能用于传统度量衡单位量词前。例如：

两个人　　两件衣服　　两瓶酒　　两次　　两米　　两斤　　两里
*二个人　*二件衣服　*二瓶酒　*二次　*二米　二斤　二里

④ "十"、"百"、"千"、"万"、"亿"前有的用"二"，有的用"两"，在十位数前和在"零"后一般用"二"，大致情况如下表：

位数	开头	其他位置
十	二 （二十）	二 （一百二十八）
百	二、两 （二百、两百）	二、两 （九千二（两）百六十）
千	两 （两千）	二、两 （三万二（两）千六百）
万	两 （两万）	两 （八亿两万五千）
亿	两 （两亿）	二 （六百零二亿）

(二) 序数

表示序列的数字叫做序数。汉语的序数有多种表示方法。

1. 第＋数词。例如：

第一　　第二　　第三　　第九十九　　第一千零一

2. 老＋数词。例如：

老大（不说"老一"）　老二　　老三　　老四　　老五

这种序数用于兄弟姐妹排行。

3. 初＋数词。例如：

初一　　初二　　初三　　……　　初十

这种序数用于中国的夏（阴）历，只限于阴历的前十天。

4. 数词＋名词。例如：

汉语的序数大量采用"数词＋名词"的办法，常见的有：

日期：一号　　二号　　三号　　……　　三十一号
月份：一月　　二月　　三月　　四月　　……　　十二月
教学楼：一教（教学楼）　　二教　　三教
楼层：一楼（层）　　二楼（层）　　三楼（层）
班级：一班　　二班　　三班　　四班　　五班
等级：一等（头等）　　二等　　三等　　四等
　　　一级　　二级　　三级　　四级

（三）倍数

倍数的表示方法是"数词＋倍"。例如：

1倍　　2倍　　3倍　　100倍　　1000倍

（四）小数

小数分为整数部分和小数部分，这两部分之间用"·"隔开，读作"点"。整数部分读法与基数相同，小数部分则逐个称数。例如：

11.5　　读作十一点五　　　　101.88　　读作一百零一点八八

2569.001　读作两千五百六十九点零零一

(五) 分数

分数有一般分数和代分数两种，一般分数先读分母，再读分子；代分数先读整数部分，整数部分后面加上"又"，再读分母，最后读分子。例如：

$\frac{1}{3}$读作三分之一　　$\frac{5}{19}$读作十九分之五　　$2\frac{1}{5}$读作二又五分之一

50%读作百分之五十　　6‰读作千分之六

(六) 概数

汉语表示概数的方法很多，主要如下：

词语		格式	例子	表达的数目
1 至 9			一两个／五六斤／十五六件／二三百	等于第一或第二个数字
多		数词＋量词＋多（"数词"为 10 以下的数，包括 10）	三斤多／一年多／五块多钱	略多于"数词"表示的数量
		数词＋多＋量词（"数词"为 10 和 10 的整数倍的数）	三十多个／一百二十多斤／一千多块	
		数词＋多＋位数（万、亿）＋（量词）（"数词"为 10 和 10 的整数倍的数）	十多万吨／二十多万年／十多亿人口	
以上		数词＋（量词）＋以上	二十五以上／十年以上／六十五公斤以上	多于"数词"表示的数量
把		个／百／千／万＋把	个把月（一个月多一些）／百把斤（一百斤多一些）	多于位数表示的数量
几		几＋十／百／千／万／亿	几十天／几百块／几千斤／几万人口	多于"2×位数"，少于"10×位数"。
		十／二十／……九十＋几	十几个／二十几岁／六十几公斤	多于"数词"，少于"数词＋10"。

续表

词语	格式	例子	表达的数目
来	数词＋量词＋来＋形容词/名词（"数词"为10以下和10的非整数倍的数；"量词"为度量衡单位）	一斤来重/三尺来长/二十五斤来重	略多于或略少于"数词"表示的数量
	数词＋来＋量词（"数词"为10和10的整数倍的数）	三十来个/一百来斤/一千来块	
	数词＋来＋位数（万、亿）＋（量词）（"数词"为10和10的整数倍的数）	十来万吨/二十来万年/十来亿人口	
左右	数词＋（量词）＋左右	九点左右/三十（岁）左右/一百五十（斤）左右	多于或少于"数词"表示的数量
前后	名词＋前后	"五一"前后/新年前后/春节前后	与"左右"相同（多用于时间）
上下	数词＋（量词）＋上下	二十岁上下/五十上下	与"左右"相同（用于年龄）
大约/大概/约	大约/大概/约＋数词	大约/大概/约八斤、大约/大概/约十二个小时	接近"数词"表示的数量
近	近＋数词	近百人/近千元/近13亿人口	接近"数词"表示的数量
上	上＋百、千、万、亿	上百人/上千斤/上万元	接近或达到位数表示的数量
以下	数词＋（量词）＋以下	二十五以下/十年以下/六十五公斤以下	少于"数词"表示的数量

⚠ 注意

数词为"十"，量词为度量衡单位时，"多"可以出现在量词前，也可以出现在量词后，但是意思不同：

十多斤 ≠ 十斤多　　十多米 ≠ 十米多

"十多斤"表示超过十斤,但不到二十斤;"十斤多"表示超过十斤,但不到十一斤。"十多米"表示超过十米,但不到二十米;"十米多"表示超过十米,但不到十一米。

练习

一、写出下面的数字。

十八(　　)　　　　一百一(　　)　　　　二百五(　　)

三点一四(　　)　　　一千六(　　)　　　　八万二(　　)

三十六万零一(　　　)　　　五百零九(　　)

两千三百二十(　　　)　　　百分之零点一(　　　　)

零点五万(　　　)

二、用"二"和"两"填空。

1. 下午我们(　　)点上课。

2. 这个教室能坐(　　)百人。

3. 比较好的方法有(　　)种。

4. 我妹妹比我小(　　)岁。

5. 他买东西一共用了(　　)百三十(　　)块。

6. 你朋友来了(　　)趟,都没找到你。

7. 大家三三(　　)(　　)地来到了学校。

8. 颐和园离这儿有(　　)里地。

9. 大概需要(　　)三天时间才能学完这一课。

10. 今年人口出生率下降了零点(　　)个百分点。

三、判断"多"和"来"应该放在A、B或C哪个位置上。

1. 天安门离这儿有二十A里B路。(多)

2. 一天只卖了百十A块B钱。(来)

3. 河水最深处也不过两A米B深。(多)

4. 今年查处贿赂案件2.3A万B起C。(多)

5. 这个城市只有十A万B人C。（来）
6. 中国有十A亿B人口。（多）
7. 这种酒三A十B度C。（来）
8. 她一顿只吃二A两B饭。（多）
9. 我只剩下十A块B钱C。（来）
10. 我们俩三十A年B没见面了。（多）

二、数词的语法功能

数词主要和量词一起组成"数词+量词"短语做定语、主语、宾语和补语等。

（一）做定语

"数词+量词"主要用来做定语。例如：

① 我们学校来了**一位**新老师。
② 他喝了**两瓶**啤酒，不能再喝了。

（二）做主语

"数词+量词"也可以做主语。例如：

① **一天**花了200块钱，不算多。
② **一个**不够吃，再要一个吧。

（三）做宾语

"数词+量词"可以做宾语。例如：

① 我喝了**五瓶**，你呢？
② 昨天来了五个同学，今天只来了**一个**。

（四）做补语

"数词+量词"可以做补语。例如：

① 我们在那儿等了**一天**，他也没来。
② 这个问题老师讲过**一次**。

注意

"一＋量词"中的"一"口语中有时可以省略：

① 我想找（一）个人聊聊。
② 去书店买（一）本书。

"一"省略的条件：
"一＋量词"做主语、谓语、补语、状语时，"一"都不能省略，只有"一＋量词"做定语时，"一"才能省略，但必须满足下面的条件：
<1> "一＋量词＋名词"做谓语动词的宾语；
<2> 谓语动词为单音节，且不带"着"或"过"；
<3> 量词为单音节（货币单位、时间单位、度量衡单位量词除外）；
<4> 全句没有突出或强调数量的意思。

此外，数词还可以做主语、宾语、谓语等。

（一）做主语

数词可以做主语。例如：

① 一是一，二是二。
② 三大于二。

（二）做宾语

数词也可以做宾语。例如：

① 三三得**九**。
② 九减一等于**八**。

（三）做谓语

数词可以做谓语。例如：

六六三十六。

第六节 量　词

一、量词的类别

表示人、事物数量的单位或行为动作发生次数的单位叫做量词。量词可以根据意义分为名量词和动量词两类。

（一）名量词

表示人、事物数量的单位叫做名量词。名量词可以按照它们的性质进一步分为专用量词和借用量词。

1．专用量词

专门用做人或事物数量的单位，叫做专用量词。这类量词数量很大，主要有以下几种：

	类别	例词
专用量词	个体单位	个、条、根、张、篇、颗、块、台
	集体单位	双、对、副、群、批
	度量衡单位	米、厘米、平方米（平米）、立方米、斤、千克（公斤）、吨
	货币单位	块（元）、毛（角）、分
	时间单位	分、分钟、点、刻
	不定量词	些、点儿

⚠️ 注意

"天"、"周"、"年"、"分（钟）"、"秒（钟）"等都是量词，不是名词。下面的说法都是错误的：

*一个天（一天）　　*一个周（一周）　　*一个年（一年）

2. 借用量词

一些表示容器或身体器官的名词，像"箱、桌、盆、盘、碗、锅、桶、身、手、脸、脚"等，可以临时借来用做量词。

(二) 动量词

表示行为动作发生的次数的单位叫做动量词。动量词可分为专用动量词和借用动量词两种。

1. 专用动量词

专门用做行为动作发生的次数的单位，叫做专用动量词。这种动量词主要有：

回　趟　次　遍　下　阵　场　顿

2. 借用动量词

表示四肢器官的名词以及表示行为动作工具的名词，像"拳、脚、眼、口、刀、枪"等，可以临时借来用做动量词。

二、常见量词的使用情况

(一) 常见的名量词

常见的名量词主要有"个、位、条、件、根、本、块、张、片、把、台、架、枝、支、所、家、种、样、门、首、篇、段、份、棵、粒、对、双、副、套"等，这些量词的主要使用情况如下表：

量词	主要使用情况	经常搭配的名词
个	用于人、事物等	人、鸡蛋、苹果、香蕉、饺子、馒头、房间、问题、月、星期、MP3
位	用于尊敬的人	朋友、老师、客人、先生、校长
条	用于细长的东西	裤子、领带、毛巾、烟、鱼、蛇、路、河、新闻、消息
件	用于个体事物	事、衣服
根	用于细长的东西	头发、油条、绳子、针、棍子
本	用于书籍等	书、词典、小说、杂志

续表

量词	主要使用情况	经常搭配的名词
块	用于块状的东西	饼干、糖、苹果、面包、布、石头
张	用于平面状的东西等	纸、桌布、画、照片、桌子、嘴、脸
片	用于成片的东西等	面包、肉、水面
把	用于有把手的器具或一手抓起的事物等	椅子、伞、刀子、锁、钥匙、米、花生
台	用于电器等	电脑、相机、笔记本
架	用于有支柱或机械的东西	相机、飞机、钢琴
枝	用于带枝子的花朵或杆状的东西	花、笔、蜡烛
支	用于杆状的东西	笔、蜡烛
所	用于单位、机构等	学校、大学、医院
家	用于家庭或企业	超市、商店、饭馆、银行、邮局
种	用于人和任何事物	人、东西、水、牛奶、书、笔、衣服、鞋
样	表示事物的种类	点心、商品、礼物
门	用于功课、技术等	课、课程、技术
首	用于诗词等	诗、诗歌、歌
篇	用于文章等	文章、课文、小说、论文
段	用于长条东西分成的若干部分	路、课文、铁路、时间、距离
份	用于搭配成组的东西	饭、报纸、文件
棵	用于植物	树、白菜、葱
粒	用于颗粒状的东西	米、豆子、花生
对	用于成双的东西	夫妻、枕头、眼睛、情人
双	用于成对的东西	手、鞋、袜子、筷子
副	用于成套的东西等	耳机、手套、牌、扑克
套	用于成套的东西等	衣服、邮票、茶具、房间、办法、制度

(二) 常见的动量词

常用的动量词主要有"次、下、回、趟、遍、场、阵、顿"等,这些量词的主要使用情况如下表:

动量词	主要使用情况	经常搭配的动词	经常搭配的名词
次	用于反复出现的行为动作或反复出现的事情	去、来、学、玩、打、骂、说、做、吃、写、打印、照	饭、电影、会、约会、课
下	表示行为动作进行的次数，用于短时间的行为动作	说、看、听、介绍、等、找、洗、打、敲、骂、写、讲、复习、预习	作业、电话、词典、课文、汉字
回	用于事情、行为动作的次数	去、看、吃、骂、听、练、开、见	事、电影、上海
趟	表示走动的次数	去、来、跑	车、北京、中国
遍	用于一个行为动作从开始到结束的整个过程	看、写、说、听、抄、问、唱、练、做	书、音乐、作业、电视
场	用于文艺表演和体育活动等	看、听、打、哭	电影、球、比赛
阵	表示一段时间	下、刮、冷、热	雨、风、掌声
顿	用于吃饭、斥责、打骂等行为动作	吃、打、骂	饭、批评

练习

在下面句子中的括号内填上适当的量词。

1. 前面有一（　　）邮局。
2. 床上放着一（　　）袜子。
3. 这儿一（　　）商店都没有。
4. 这（　　）裤子该洗了。
5. 天冷了，我想买（　　）毛衣。
6. 今年我去海南旅游过一（　　）。
7. 我带了一（　　）伞。
8. 他早上只吃了几（　　）饼干。
9. 给我拿一（　　）筷子。
10. 咱们再唱一（　　）吧。

11. 你最好亲自去一（　　）。
12. 刚才下了一（　　）雨。
13. 这（　　）文章不太难。
14. 给我带几（　　）铅笔。
15. 家里来了一（　　）客人。

三、量词和数量的重叠式

(一) 量词的重叠式

除了双音节量词、货币单位、时间单位和不定量词不能重叠以外，大多数量词都可以重叠，重叠以后表示"每一"。例如：

个—个个　条—条条　门—门门　顿—顿顿　场—场场

量词重叠式多做主语，做定语时有很大的限制。

1. 做主语

重叠式可以做主语。例如：

① 这个地方**家家**都有汽车。
② 他**年年**都去国外旅游。

2. 做定语

有少数量词重叠式可以直接做定语。例如：

① **条条**大路通罗马。
② ***个个**学生都会汉语。

例①"条条大路通罗马"可以说，但是例②"个个学生都会汉语"却不行，前一个句子是熟语性的，后一个句子不是。

(二) 数量重叠式

"一十量词"可以有两种重叠式方式：一AA式和一A一A式。例如：

一个——一个个　　一张——一张张　　一趟——一趟趟
一个——一个一个　一张——一张一张　一趟——一趟一趟

数量重叠式不同的语法功能往往表示不同的语法意义。

1. 做定语

数量重叠式的主要语法功能是做定语，表示事物存在的方式，带有描写的色彩。做定语时一般要带"的"。例如：

① 他从包里掏出**一块一块**的巧克力。（"一块一块"意思为"成块"）
② 从飞机上看下去，**一条条**的河流就像**一根根**细线。（"一条条"意思为"条状"；"一根根"意思为"根状"。）

2. 做状语

数量重叠式也可以做状语，表示"逐一"、"重复"等意思。例如：

① 书要**一本一本**地看，不能东看一点儿，西看一点儿。（"一本一本"即"逐本"）
② 老师**一趟趟**地来看她，很让她感动。（"一趟趟"即"很多趟"）

3. 做主语

数量重叠式也可以做主语，表示"每一"，带有描写的色彩。例如：

① 这些书**一本本**又厚又重。（"一本本"即"每一本"）
② 前面**一排一排**全是新房子。（"一排一排"即"每一排"）

四、数量短语做状语带"地"问题

数量短语做状语有的可以带"地"，有的不能，具体情况如下：

(一)"数词+量词"做状语，不带"地"。例如：

① 弟弟**一口**就把一个饺子全吃了。
② 他一紧张，**一下子**什么都记不起来了。

(二) 数量重叠式做状语，可带"地"，也可以不带。例如：

① 路要**一步一步**（地）走，不能急。
② 时间在**一天一天**（地）过去，大家心里非常着急。
③ 服务员**一趟趟**（地）来回送茶水，很辛苦。

第二章

词类（下）

第一节　副　词

一、副词的类别

用在动词（短语）、形容词（短语）前面，起着修饰、限定作用的词叫做副词。副词根据意义可以分为如下八类：

	类别	例词
副词	时间副词	马上、从来、一向、一直、忽然、曾经
	程度副词	很、非常、最、挺、怪、极、有点儿
	范围副词	都、全都、凡是、大都、单、光、只
	否定副词	不、没（有）、别、甭、不要
	重复副词	常、常常、又、再三、一再、重、重新
	语气副词	到底、究竟、简直、反正、几乎
	情态副词	悄悄、默默、亲自、互相、渐渐、特意
	关联副词	就、便、却

（一）时间副词

表示行为动作或事件发生的时间的副词叫做时间副词，像"立刻、立即、马上、刚、将、将要、从来、一向、顿时、一直、老（是）、总（是）、忽然、偶尔"等。例如：

① 这里很危险，你们**马上**离开这里！

② 爸爸**一向**不喝酒、不抽烟。

（二）程度副词

表示性质高低的副词叫做程度副词，像"很、非常、太、十分、格外、分外、过于、最、顶、挺、够、较、比较、有点儿、稍、稍微、真、好、怪、极"等。例如：

① 考完试，同学们今天**很**高兴。
② 请你**稍微**往前挪一挪。

（三）范围副词

用来限制跟行为动作相关的名词（短语）所指称的对象的数量、范围的副词叫做范围副词，像"都、全、全都、大都、只、凡、凡是、大多、唯独、单、光、仅仅"等。例如：

① 我们**都**会游泳。
② **凡是**吃过的菜就不要再点了。

（四）否定副词

表示否定的副词叫做否定副词。否定副词主要有"不、没（有）、别、不要、甭"等。例如：

① 这件事我**不**知道。
② **别**喝了！你都快醉了！

（五）重复副词

表示行为动作重复或发生的频率的副词叫做重复副词，像"常、常常、往往、又、重、重新、再、再三、一再、反复"等。例如：

① 那个学生**常**不来上课。
② 这个字你**又**写错了，请你**重新**写一遍！

（六）语气副词

表示对行为动作或事件的情感态度的副词叫做语气副词，像"难道、到底、究竟、果然、索性、简直、反正、恰好、恰恰、恰巧、几乎、好在、幸亏、明明、居然、偏、偏偏"等。例如：

① 你**难道**不知道明天考试吗？
② **反正**现在没事，我们一起去逛商店吧！

(七) 情态副词

表示行为动作的情态或方式的副词叫做情态副词，像"暗暗、悄悄、默默、逐一、逐步、亲自、亲笔、互相、特意、特地、专程、渐渐"等。例如：

① 我觉得同学们的汉语水平在**逐步**提高。
② 大家都是朋友，应该**互相**帮助！

(八) 关联副词

在句子中起着连接作用的副词叫做关联副词。关联副词主要有"就、便、也、却"等。例如：

① 他们吃完饭**就**走了。
② 吃完药以后，肚子一会儿**便**不疼了。

二、副词以及"副词＋动词(短语)/形容词(短语)"的语法功能

(一) 副词的语法功能

副词的语法功能比较单一，除了极少数副词可以做补语，少数可以单独使用以外，一般做状语。

1. 做状语

做状语是副词的主要语法功能。例如：

① 你怎么**又**来了？
② 他今天**有点儿不**舒服，**不**能来上课。

2. 做补语

极少数程度副词可以做补语。例如：

① 这家商店的东西贵**极**了。
② 那儿冷得**很**,你多带些衣服去。

3．单独使用

会话中,少数副词可以单独使用,即单独成句。这样的副词主要有"大概、本来、别、不、没(有)、不必、差不多、差一点儿、大约、当然、的确、赶快、赶紧、刚好、怪不得、果然、果真、何必、尽量、立刻、马上、难怪、难免、偶尔、顺便、未必、也许、一共、一块、一起、有点儿、早晚、正好"等。例如:

① A:你哥哥回来了吗?
　　B:**没有**。
② A:明天可能要下雨。
　　B:**未必吧**。

(二) "副词+动词(短语)/形容词(短语)"的语法功能

"副词+动词(短语)/形容词(短语)"一般做谓语。例如:

① 这几天**老下雨**,真烦人。
② 这么便宜,咱们**多买一点儿**吧。
③ 这事很重要,你**亲自去一趟**。

大部分也可以做定语、宾语、主语。例如:

① **经常迟到**的那个学生叫什么名字? ("经常迟到"做定语)
② 今天觉得**有点儿累**,你呢? ("有点儿累"做宾语)
③ **稍微挪一下**可以吗? ("稍微挪一下"做主语)

副词"真、的确、实在、果然、确实、别、甭、不要"等组成的"副词+动词(短语)/形容词(短语)"不能做定语。下面的说法都是错误的:

① *西湖是一个**真美丽**的湖。
② *这儿是**别抽烟**的地方。

三、副词在句中的位置

（一）副词一般位于谓语动词前。例如：

① 我们**已经**学了三课了，他们只学了一课。
② 今天天气**特别**好，下午出去玩玩吧。

（二）有些语气副词位于主语前、后都可以。例如：

① 他结没结婚，**的确**我不知道。
　他结没结婚，我**的确**不知道。
② 天气预报说今天有雨，**果然**今天下雨了。
　天气预报说今天有雨，今天**果然**下雨了。

不过，位于主语前和主语后，句子的意思稍有差别。位于主语前有突出副词的作用，位于主语后没有这种作用。

（三）主语为疑问代词时，语气副词一般在主语前面。例如：

① **到底**谁没交钱？
② **其实**谁都知道这是怎么回事。

（四）"凡"、"凡是"只能位于主语前。例如：

① **凡**去过这个地方的就不要去了。
② **凡是**大学生都得参加英语四级考试。

（五）口语中，副词也可以出现在句末，但副词前面要用","隔开。例如：

① 他们去了三天了，**大概**。
② 你别走了，外边下雨呢，**正在**！

能出现在句末的副词不太多，以双音节的为主，常见的有"才、都、刚、还、就、也、又、再、在、正、毕竟、不妨、曾经、差点儿、重新、从来、凑巧、大约、到底、倒（是）、的确、反倒、反而、反正、赶紧、赶快、还是、好在、忽然、或许、几乎、简直、竟然、究竟、居然、恐怕、马上、难道、偶尔、恰好、其实、全都、稍微、顺便、似乎、索性、未免、向来、幸好、幸亏、也许、说不定、有点儿"等。

副词出现在句末，主要是为了突出句子的前一部分，位于句末的副词起着补充的作用。

判断括号中的副词应该放在A、B或C哪个位置上。

    1．A他B知道这件事。（确实）

    2．A你B去C没去过？（到底）

    3．A外国留学生B都C可以参加。（凡是）

    4．A什么B都C不便宜。（其实）

    5．我A想B打一个电话。（再）

    6．A我们班B同学C来过中国。（大都）

    7．A他们B没C吃过烤鸭。（都）

    8．A大家B带着地图。（幸亏）

    9．A教室里B很干燥。（果然）

  10．A家里B有一些苹果。（恰好）

四、副词做状语带"地"问题

副词做状语有的可以带"地"，有的不能，具体情况如下。

（一）单音节副词做状语不带"地"。例如：

① 请你**再**说一遍。

② 妈妈下班**刚**回来。

(二) 双音节副词绝大多数不能带"地"。例如：

① 几年前这儿**曾经**发过一次洪水。
② 那件事**简直**把我气坏了。

但有些双音节副词带不带"地"都可以。例如：

① 上课的时候，他**偷偷**（地）出去了。
② 这种办法非常好，应该**大力**（地）提倡。

不过，这种副词不多，常见的有"暗暗、不断、不住、大力、大肆、分别、胡乱、缓缓、极力、渐渐、来回、连连、默默、悄悄、随意、偷偷、逐步、逐渐、及早、尽快、偶尔、永远、非常、格外、更加、极度、稍微、十分、特别、大大、多么、反复、一再、再三"等。

应该注意的是，带不带"地"意思稍有不同，带"地"有突出副词的作用，不带"地"没有这种作用。例如：

① 那天雨**特别**大。
② 那天雨**特别地**大。

例①的"特别"不带"地"，例②的"特别"带"地"，比较而言，后一例有突出"特别"的意味。

五、副词的共现顺序

句子中出现多个副词时，哪个在前，哪个在后，有一定的规律，这种规律大致如下：

语气副词＋关联副词＋时间副词＋范围副词＋程度副词＋否定副
　　[1]　　　　[2]　　　　[3]　　　　[4]　　　　[5]　　　　[6]
词＋重复副词＋情态副词＋动词（短语）/形容词（短语）。例如：
　　[7]　　　　[8]

① 雨<u>似乎</u><u>渐渐</u>地小了。
　　[1]　[8]

② 直到晚上十点，同学们**才极不**情愿地离开了教室。
　　　　　　　　　　[3][5][6]

③ 谁**都没有**告诉我。
　　　　[4][6]

④ 她**已不再**是我们家的人了。
　　　[3][6][7]

⑤ 昨天我们**又一起重新**修改了一下。
　　　　　[7] [8]　[8]

把下面的词语组成句子，注意多项状语的顺序。

1. 到底　不　你　去　哪儿　想
2. 回国　大概　他　了　早
3. 认真　作业　做　没有
4. 花完　都　带的　已经　了　钱
5. 做　这么　好　不　很
6. 字　会　不　我们　这些　写　都
7. 了　忘　全　语法　几乎
8. 灭　怎么　灯　忽然　了　又
9. 一下　好好　再　大家　商量
10. 也　课文　复习　全都　了　一遍

六、副词"还"、"又"、"再"

（一）还

1. 表示项目、数量增加，范围扩大。例如：

① 我会汉语，**还**会英语。（"还"表示项目增加）

② 一斤饺子不够，**还**得买一斤。（"还"表示数量增加）

2. 表示行为动作或状态持续不变。例如：

① 已经上课了，他**还**在睡觉。
② 已经下课了，你怎么**还**没回去？

3. 表示行为动作重复，用于未发生的行为动作，多用于陈述句。例如：

① 明年我**还**来这儿。
② 看了一遍，他**还**想看一遍。

4. 用于比较，表示"更"。例如：

① 今天比昨天**还**热。
② 你怎么比去年**还**胖！

5. 表示提醒或提示，含有责备、讽刺的意思。例如：

① 你**还**学过半年汉语呢，怎么连一句都不会说？
② **还**大学生，连这个道理都不懂！

6. 用于让步复句的偏句中，提出一种让步情况，表示"尚且"。例如：

① 路**还**走不好呢，就想跑。
② 发音**还**没学，就想学课文。

(二) 又

1. 表示行为动作重复发生或两个行为动作相继出现。用于已经发生的行为动作。例如：

① 昨天他来了，今天他**又**来了。（"又"表示"重复"）
② 吃完饭以后，他**又**去了图书馆。（"又"表示行为动作相继出现）

注意

"又"不能用于将来发生的行为动作。下面的说法都是错误的：

① *明年我**又**来中国。（明年我**再**来中国。/明年我**还**来中国。）
② *最好**又**复习一遍。（最好**再**复习一遍。）

2. 表示两种情况同时存在。例如：

① 天气热，**又**没有空调，屋子里热得没法睡觉。
② 听到这个消息，大家**又**激动**又**紧张。

3. "数量＋又＋数量"表示"多"。例如：

① 这件衣服穿了一年**又**一年，已经穿了三年了。
② 他一次**又**一次地来找我，我都没同意！

（三）再

1. 表示行为动作重复或继续，用于未发生的行为动作或经常性的行为动作，多用于祈使句。例如：

① 老师，请您**再**讲一遍！（"再"表示行为动作重复）
② 今天没有时间了，明天**再**讲吧。（"再"表示行为动作继续）

⚠️ 注意

"再"不能用于已经发生的行为动作。下面的说法都是错误的：

① *昨天老师**再**讲了一遍。（昨天老师**又**讲了一遍。）
② *你怎么**再**迟到了？（你怎么**又**迟到了。）

2. 表示行为动作在另一个行为动作结束后出现。例如：

① 咱们吃完饭**再**去吧。
② 我们先写作业，**再**看电视。

3. 表示程度加深

(1) 用于让步假设复句的偏句中，表示情况即使比已知的程度更高，结果都不会发生变化。例如：

① 汉语**再**难，我也要学下去。

② 这件衣服**再**好看，我也不买。

(2) 用于祈使句或肯定句中。例如：

① 我在复习，电视的声音能不能**再**小一点儿？

② 我是学生，没有钱，**再**便宜一点儿吧！

"还"、"又"、"再"的异同大致如下表：

意义及用法词	项目、数量增加	持续不变	重复		用于比较	提醒、提示	用于让步复句	表示"多"	两种情况共存	行为动作相继	程度加深
			用于过去	用于将来							
还	√	√	×	√	√	√	√	×	×	×	×
又	×	×	√	×	×	×	×	√	√	×	×
再	×	×	×	√	×	×	×	×	×	√	√

练习

用"还"、"又"、"再"完成对话。

1. A：几年没见，（   ）

   B：哪儿呀，你看头发都白了。

2. A：他回来了吗？

   B：（   ）

3. A：下星期一我们听写。

   B：上个星期一听写了，（   ）？

4. A：时间过得真快，（   ）

   B：是呀。再过一个星期，我来中国就半年了。

5. A：现在太忙了，没有时间休息。

   B：（   ）

6. A：这儿太美了，（   ）

   B：那咱们一起来吧。

7. A：（   ）？

　　B：再给我来一杯啤酒。

8. A：昨天迟到了，（   ）？

　　B：对不起，我的闹钟坏了。

9. A：那部电影怎么样？

　　B：很好看，（   ）

10. A：老师，这个问题我还不太懂，（   ）？

　　B：行啊，不过这次一定要好好听。

第二节　介　词

一、介词的类别

介词可以根据意义分为如下几类：

	类别	例词
介词	表示时间的	在、从、当、于
	表示处所的	在、从、朝、向、于
	表示对象的	对、对于、关于、向、朝、跟、和
	表示目的的	为、为了
	表示原因的	为、由于
	表示依据的	按、按照、根据、凭、照

（一）表示时间的

这类介词与名词（短语）组成的"介词＋名词（短语）"表示时间，主要有"在、从、当、于、打"等。例如：

① **在过去**，这种事根本算不了什么。

② **当你有困难的时候**，你首先想到的是谁？

(二) 表示处所的

这类介词与名词（短语）组成的"介词＋名词（短语）"表示处所，主要有"在、从、朝、向、往、于、打"等。例如：

① 我**在家**住，不住学校。
② **朝前**走一步就可以了。
③ 请大家**往里**走。

(三) 表示对象的

这类介词与名词（短语）、代词等组成的"介词＋名词（短语）/代词"表示对象，主要有"对、对于、关于、向、朝、给、和、跟、同、替、为、把、被、比"等。例如：

① 我**对汉语**有兴趣，所以我学习汉语。
② 妹妹想**和我们**一起去，你同意吗？
③ 妈妈**给我**打了一个电话，让我早点儿回家。

注意

"对"和"对于"意思和用法都有相同之处，但也有一些区别。

<1>"对"可以表示动作的对象，"对于"不能。例如：

① 他**对我**笑了笑。
② 妈妈**对弟弟**说："明天再去，可以吗？"

<2>"对"和"对于"都可以表示对待，但"对"可以用于人和人之间的关系，也可以用在能愿动词、副词的前面或后面；"对于"不能用于人和人之间的关系，也不能用在能愿动词、副词后面。例如：

① 老师**对我们**很好。（"对"用于"我们"和"老师"之间的关系）
② 我们会**对他的住处**做出安排的。（"对……"用在能愿动词后面）
③ 他**对这件事**会有看法的。（"对……"用在能愿动词前面）

④ 领导**对（对于）这件事情**有什么看法？
⑤ **抽烟对（对于）身体**没什么好处。

<3> 简单地说，能用"对于"的地方，一般都能用"对"；但能用"对"的地方，有的不能用"对于"。"对"多用于口语，"对于"多用于书面语。

（四）表示目的的

这类介词与名词（短语）、代词或动词（短语）等组成的"介词＋名词（短语）/代词/动词（短语）"表示目的，主要有"为、为了"等。例如：

① 他**为学习汉语**去中国留了一年学。
② **为了你**，我们被老师批评了一顿。

▽ 注意

"为了……"一般放在句子前面，有时为了强调，也可以放在后面，但是"为了……"前面应该加上"是"。下面的说法都是错误的：

① *我到中国来，**为了学习汉语**。（我到中国来**是为了学习汉语**。）
② *大家这么做，**为了你**。（大家这么做**是为了你**。）

（五）表示原因的

这类介词与名词（短语）、代词或动词（短语）组成的"介词＋名词（短语）/代词/动词（短语）"表示原因，这种介词很少，主要有"为、由于"等。例如：

① 大家**为你取得的成绩**而感到骄傲。
② **由于各种原因**，旅游最后取消了。

（六）表示依据的

这类介词与名词（短语）组成的"介词+名词（短语）"表示行为

动作的依据。这类介词主要有"按、按照、根据、据、凭、照"等。例如：

① **按照学校规定**，你必须今年毕业。
② 大家**照我说的**做！

在下面句子中的括号内填上适当的介词。

1. 老师（　　）我们非常热情。
2. 那篇（　　）鲁迅家庭生活的文章我早看过了。
3. 他到中国来旅游是（　　）了解中国。
4. 请（　　）前走走。
5. （　　）一毛钱吵一架，真不值得。
6. （　　）好人好事，应该及时加以表扬。
7. （　　）这种矛盾，最好用商量的办法解决。
8. 抽烟（　　）身体不好。
9. 星期一（　　）妈妈打了一个电话。
10. （　　）怎么处理这件事的建议很多。

二、介词的语法功能

介词不能单独充当句法成分，"介词＋名词（短语）/代词等"一般做状语，有些也可以做定语、补语等。

（一）做状语

"介词＋名词（短语）/代词等"经常用来做状语。例如：

① 昨天是我的生日，爸爸**给我**买了一辆自行车。
② 我们国家大学生都**在学校**住。

(二) 做定语

"介词＋名词（短语）/代词等"也可以做定语，但是必须带"的"。
例如：

① **关于这件事的**处理意见，下个星期才能知道。
② 爸爸、妈妈**对我们的**爱我们一辈子也还不完。

(三) 做补语

"往"、"于"等组成的"介词＋名词（短语）"可以做补语。
例如：

① 这趟列车开**往上海**。
② 鲁迅生**于1881年**。

第三节 连 词

一、连词的类别

连接词、短语或分句的词叫做连词。连词可以根据连接的成分分类，也可以根据所表示的意义分类。

（一）根据连接成分分类

连词可以根据连接的成分分为如下三类：

	类别	例词
连词	连接词和短语的	和、跟、与、及
	连接分句的	不但、而且、虽然、但是、如果、所以、即使、既然
	连接词（短语）和分句的	还是、或、或者、而

1．连接词和短语的连词

有些连词只能用来连接词或短语，不能用来连接分句，像"和、跟、与、及"等，这些词一般连接名词或名词短语。例如：

① 我喜欢吃包子、饺子**和**面条。
② 工人、农民**及**学生都可以报名参加。

"和"不能用来连接分句。下面的说法都是错误的：

①＊我来中国学习汉语，**和**了解中国文化。（我来中国学习汉语，了解中国文化。）
②＊昨天下雨，**和**刮很大的风。（昨天下雨，并且刮很大的风。）

2．连接分句的连词

大部分连词只能用来连接分句，像"不但、而且、虽然、但是、所以、既然、尽管、只要"等。例如：

① 天气不好，**所以**运动会取消了。
② **只要**努力学习，一定能学好汉语。

3．连接词（短语）和分句的连词

有些连词既能连接词（短语），又能连接分句，像"还是、或、或者、而"等。例如：

① 我去上海**或**北京。（"或"连接两个词）
② **或**你去，**或**她去，只能去一个。（"或"连接分句）
③ 这是个光荣**而**艰巨的任务。（"而"连接两个词）
④ 孩子都喜欢玩，**而**不喜欢学习。（"而"连接分句）

(二) 根据意义分类

连词可以根据意义分为以下几类：

	类别	例词
连词	并列连词	和、或、或者
	承接连词	于是、接着、然后
	递进连词	不但、而且、不仅、甚至
	转折连词	虽然、但是、可是、不过
	因果连词	因为、所以、既然
	条件连词	只要、只有、除非
	假设连词	如果、那（么）、要是
	让步连词	既然、就是、哪怕
	目的连词	以免、以便、免得
	取舍连词	宁可、与其、不如

1．并列连词

所连接的成分是并列关系，这样的连词叫做并列连词。并列连词主要有"和、及、或、或者、还是、一边、而、既"等。例如：

① 我**和**爸爸都喜欢打篮球。
② 这次去上海**或者**北京。
③ 那件衣服好看**还是**不好看？

2．承接连词

所连接的分句表示的行为动作或事件有先后顺序之分，这样的连词叫做承接连词。常见的承接连词主要有"于是、接着、然后"等。例如：

① 昨天路过故宫，**于是**就进去看了看。
② 他说完了，你**接着**说。

3．递进连词

所连接的分句后一个比前一个程度更高，这样的连词叫做递进连词。递进连词主要有"不但、而且、不仅、甚至"等。例如：

① 弟弟**不但**会说日语，还会说英语。
② 妈妈没去过颐和园，**甚至**连天安门都没去过。

4．转折连词

所连接的分句一个叙述一种事实，另一个表示与该事实相反或相对的情况，这样的连词叫做转折连词。常见的转折连词主要有"虽然、但是、可是、不过"等。例如：

① 这儿的东西**虽然**不太贵，**但是**也不便宜。
② 他学过汉语，**可是**全忘了。

5．因果连词

所连接的分句表示原因或结果的连词叫做因果连词。常见的因果连词主要有"因为、所以、因此、由于、既然、那么"。例如：

① **因为**明天下雨，**所以**比赛取消。
② **由于**没有复习，这次没有考好。

6．条件连词

所在的分句表示条件的连词叫做条件连词。常见的条件连词有"只要、只有、除非、无论、不论、不管、任凭"等。例如：

① **只有**明天不下雨，比赛才能进行。
② **无论**什么时候，都不能做这种事。

7．假设连词

所在的分句表示一种假设或推论的连词叫做假设连词。假设连词主要有"如果、那（么）、要是、假如、倘若"等。例如：

① 这本书**如果**学不完，下个学期接着学。
② **要是**我有钱，就去旅游。

8．让步连词

所在分句表示让步条件的连词叫做让步连词。让步连词主要有

"即使、就是、就算、哪怕、尽管、即便"等。例如：

① 那本书非常有名，**即使**没看过，也应该听说过。
② **就是**你们都不去，我也要去。

9. 目的连词

所在的分句表示目的的连词叫做目的连词。目的连词主要有"以免、以便、免得、省得"等。例如：

① 少要点儿菜，**以免**浪费。
② 带上伞，**免得**下雨。

10. 取舍连词

所在的分句表示不同的情况，说话者只取其一，这样的连词叫取舍连词。取舍连词主要有"宁可、宁愿、要么、与其、不如"等，例如：

① **与其**让他去，**不如**我自己去。
② **宁可**待在家里，也不去看电影。

二、连词在句中的位置

连接分句的连词在句中的位置比较复杂，有的只能出现在主语前，有的只能出现在主语后，有的出现在主语前、后都可以。例如：

① **要么**你去，**要么**我去。（"要么"只能在主语"你"和"我"前）
② 我**不但**会说汉语，而且会说日语。（"不但"只能在主语"我"后）
③ **要是**你不想去，就算了。（"要是"在主语"你"前）
　 你**要是**不想去，就算了。（"要是"在主语"你"后）

汉语中常用的连词在句中的位置大致如下表：

	连词	主语前	条件	主语后	条件
并列连词	或（者）	✓		✓	
	一边			✓	
	既			✓	
承接连词	于是	✓		✓	
	首先/其次/再次	✓			
	然后	✓			
递进连词	不但	✓	前后两个分句主语不同	✓	前后两个分句主语相同或不同
	不仅	✓	前后两个分句主语不同	✓	前后两个分句主语相同或不同
	而且	✓			
	甚至	✓			
转折连词	虽然	✓		✓	
	但是	✓			
	可是	✓			
	不过	✓			
因果连词	因为	✓			
	所以	✓			
	因此	✓			
	由于	✓			
	既然	✓		✓	
	那（么）	✓			
条件连词	只要	✓		✓	
	只有	✓	前后两个分句主语不同	✓	前后两个分句主语相同
	除非	✓			
	无论	✓		✓	
	不论	✓		✓	
	不管	✓	前后两个分句主语不同	✓	前后两个分句主语相同

续表

	连词	主语前	条件	主语后	条件
假设连词	任凭	√			
	如果	√		√	
	那（么）	√			
	要是	√		√	
	假如	√			
	倘若	√			
	假使	√			
让步连词	即使	√		√	
	就是	√		√	
	就算	√			
	哪怕	√		√	
	尽管	√	前后两个分句主语不同	√	前后两个分句主语相同
	即便	√		√	
目的连词	以免	√			
	以便	√			
	免得	√			
	省得	√			
取舍连词	宁可	√		√	
	宁愿	√		√	
	要么	√	前后两个分句主语不同	√	前后两个分句主语相同
	与其	√	前后两个分句主语不同	√	前后两个分句主语相同
	不如	√			

练习

一、在下面句子中的括号内填上适当的连词。

1. 今天（　　）天气不好，但不太冷。

2．（　　）汉字非常难，不过我很有兴趣。

3．（　　）好好复习，就一定能考好。

4．（　　）刮风还是下雨，周末都去长城。

5．（　　）能便宜一点儿，我就多买几个。

6．烤鸭好吃是好吃，（　　）有点儿贵。

7．（　　）没去过颐和园，也应该听说过。

8．昨天从电影院门口路过，看到有部好电影，（　　）就进去看了一场。

9．妈妈工作非常忙，（　　）周末也不休息。

10．（　　）我不给你打电话，你就不要等我了。

二、判断括号中的连词应该放在A、B哪个位置上。

1．A他B去过两次了，但是他还想去。（虽然）

2．A大家B都不买，她也要买。（即使）

3．A明天B很冷，风还很大。（不仅）

4．A弟弟B会唱英语歌，而且会唱汉语歌。（不但）

5．我们都学过半年汉语，A我们B会说一点儿。（所以）

6．早点儿准备吧，A时间B紧来不及。（免得）

7．A同学们B都不想参加，那就算了。（既然）

8．A你B去，我才去。（只有）

9．A家长们B都不同意，我们也就不坚持了。（既然）

10．A电视B有多贵，他都要买。（不管）

第四节　助　词

助词按照功能可以分为如下三类：

类别		例词
助词	结构助词	的、地、得
	动态助词	着、了、过
	语气助词	吗、吧、呢、了

一、结构助词

把词语连接起来组成各种短语的词叫做结构助词。结构助词有"的"、"地"、"得"三个。例如：

① 我去商店买了一些吃**的**东西。
② 我请他来我家做客，他高兴**地**答应了下来。
③ 那辆公共汽车开**得**慢极了。

（一）的

1."的"的主要作用

结构助词"的"主要有两种作用，一是起着连接作用，一是起着转换作用。

（1）连接作用

"的"常用在名词（短语）、动词（短语）、形容词（短语）等后面，把定语和中心语连接在一起，组成短语。例如：

我**的**书　学校**的**东西　休息**的**时候　漂亮**的**衣服

"动词（短语）＋的＋名词"中的"名词"如果是行为动作的发出者或行为动作的承受者，"名词"可以省略。例如：

① 吃的（人）来了。（"人"是发出者）
② 吃的（东西）买了。（"东西"是承受者）
③ 你看的（书）是什么书？（"书"是承受者）

如果"名词"是时间、处所、状态等，一般不能省略。下面的说法都是错误的：

① *吃饭的(**时候**)再说吧。("时候"是时间)
② *这是我们上课的(**地方**)。("地方"是处所)
③ *你走路的(**样子**)不好看。("样子"是状态)

(2) 转换作用

"的"也常常用在动词（短语）、形容词（短语）等后面，把动词（短语）、形容词（短语）转换为名词性成分。例如：

看**的**（"看的人"或"看的东西"）
我买**的**（我买的东西）
漂亮**的**（"漂亮的人"或"漂亮的东西"）

2. "的"的其他作用

(1) 用在句子的动词和宾语之间，强调已发生的行为动作的主语、宾语或行为动作发生的地点、方式等。例如：

① 爸爸花**的**钱。（意思为"是爸爸花的钱"）
② 我学**的**汉语。（意思为"我学的是汉语"）
③ 弟弟在家写**的**作业。（意思为"弟弟在家写的是作业"或"弟弟的作业是在家写的"）

(2) 在一些动宾短语中间插入指人的名词或代词加"的"，表示名词或代词所指的人是行为动作的对象。例如：

① 不要开**老师的**玩笑。（"老师"是"开玩笑"的对象）
② 哥哥生**弟弟的**气。（"弟弟"是"生气"的对象）

(3) 用在并列的词语的最后一项后面，表示"等等"、"之类"的意思，有时"的"前面也出现"什么"。例如：

① 春节的时候，妈妈鸡呀、鱼**的**买了一大堆。
② 衣服、雨伞、钱**什么的**都带了吗？

（二）地

结构助词"地"用在形容词、副词等后面，把状语和中心语连接起来。例如：

① 昨天校长**热情地**接见了大家。

② 他趁老师不注意**悄悄地**出去了。

有关"地"的使用情况参见本章各节。

（三）得

1. "得"的主要作用

结构助词"得"用在动词、形容词后面，把动词、形容词和补语连接起来。例如：

① 你唱**得**嗓子都哑了。

② 屋里热**得**不得了，把空调打开吧。

2. "得"的其他用法

（1）"动词＋得"表示可以、可能，动词为单音节的，而且限于"看、吃、说、用、穿"等少数常用动词。例如：

① 你看**得**，我们也看**得**！

② 这东西吃**得**吃不得？

"动词＋得"不能带宾语。下面的说法是错误的：

＊她看得这本书，我也看得。（这本书她看得，我也看得。）

（2）"动词/形容词＋得"，"得"后面的成分不说出来，含有夸张或"无法形容"的意思。例如：

① 昨天把我累**得**！（意思为"昨天把我累得没法说"）

② 看把你美**得**！（意思为"你美得都这样了"）

详细情况参见第五章第二节八（P.193）。

用"的"、"地"、"得"填空。

1. 他们写（　）很不错。
2. 大家昨天玩（　）很高兴。
3. 我国经济发展（　）非常快。
4. 家人都迫不及待（　）要来北京看我。
5. 我们（　）宿舍虽然不大，但是干干净净（　）。
6. 你唱（　）比说（　）好。
7. 昨天晚上兴奋（　）一夜没睡。
8. 这件事引起越来越多（　）注意。
9. 那些衣服大（　）大，小（　）小，都穿不了了。
10. 出发以前一定要认真（　）检查一下自行车。

二、动态助词

用在动词或形容词后面，表示行为动作或性质的情态的助词叫做动态助词。动态助词有"了"、"着"、"过"等。例如：

① 上课时他用手机，老师看了他一眼。
② 你们在这儿等着我！
③ 我们都学过汉语。

（一）了

"了"用在动词或形容词后面，表示实现，即表示行为动作的发生或状态的出现等。例如：

① 昨天我在这儿等了一个小时，他才来。
② 同学们放了学就回家。

1."了"与动词和形容词

"了"表示行为动作或状态的实现,这就决定了有些动词、形容词可以带"了",有些不能带"了"。

动词能否带"了"情况:

(1) 行为动作动词"说、听、打、写、看、买、卖"等可以带"了";

(2) 状态动词"想、爱、怕、恨、喜欢"等可以带"了";

(3) 趋向动词"来、去、过来、过去"等可以带"了";

(4) 关系动词"在、在于、是、属于、属、存在"等不能带"了"。

形容词能否带"了"情况:

(1) 谓语形容词"大、小、多、少、高、矮"等一般可以带"了";

(2) 非谓形容词"男、女、彩色、黑白、大型"等不能带"了"。

2."了"的位置

"了"的位置很复杂,不同的句子,不同的情况,"了"的位置不完全相同。

(1)"了"放在"动词+结果补语"的后面。例如:

① 衣服洗干净了。

② 他吃完了,我还没吃完。

(2)"动词+来/去"不带宾语,"了"一般位于"来"、"去"的后面;带宾语,有两种位置,一种是"动词+来/去+了+宾语"。例如:

① 圣诞节弟弟给我寄来了一张明信片。

② 上个星期我给弟弟送去了一些吃的。

一种是"动词+了+宾语+来/去(宾语不能是抽象名词或存现宾语)"。例如:

① 弟弟从国外给我寄了一张明信片来。

② 昨天我给弟弟送了一些吃的去。

(3) "动词＋复合趋向补语"带"了"有两种位置，一种是"动词＋了＋复合趋向补语"。例如：

① 你怎么把我的秘密全说了出来？
② 小狗向我们跑了过来。

这类句子带有描写色彩，有突出行为动作的作用。
另一种是"动词＋复合趋向补语＋了"。例如：

① 我们把桌子搬进去了。
② 相机我拿出来了，放在桌子上了。

这类句子没有描写的色彩。
(4) 表示行为动作已经发生或实现的连动句，如果第一个动词（短语）表示的行为动作发生以后再发生第二个动词（短语）表示的行为动作，"了"一般放在第一个动词后面。例如：

① 春节的时候，姐姐买了一件毛衣给我。
② 临走时，妈妈抓了一把糖放在我的口袋里。

(5) 表示行为动作已经发生或实现的连动句，如果第一个动词（短语）表示后一个动词（短语）所表示的行为动作的方式、工具，或第二个动词（短语）表示的行为动作是第一个动词表示的行为动作的目的，一般第二个动词后面带"了"。例如：

① 哥哥骑车去了学校。
② 他用我的洗衣机洗了几件衣服。
③ 昨天晚上我们去电影院看了一场电影。

(6) 表示行为动作已经发生或实现的兼语句，一般最后一个动词后面带"了"。例如：

① 公司让他去了北京。

② 这件事使我懂**了**一个道理：做人一定要诚实。

(7) 几个句子如果叙述的是一连串的行为动作，那么最后一个句子的动词后面用"了"。例如：

① 弟弟**跑进**屋，**扔下**书包，**拿起**皮球就**出去了**。
② 公司昨天**开会**，会上**表扬了**张明。

3．"了"的使用规律

"了"表示实现，但是并不是所有表示"实现"的情况都要用"了"。

(1) 如果句子中有表示过去某一时间的词语，而某一行为动作在这一时间内已经发生时，动词后要用"了"。例如：

① "五一"我**去了**泰山。
② **那天晚上**妈妈就**回了**上海。

(2) 一个行为动作发生或完成后另一个行为动作或情况才出现，不管第一个行为动作是否已经发生，第一个动词后面一般要用"了"。例如：

① 昨天晚上他**洗了**澡就睡觉了。
② 大家**写了**作业再去玩。

(3) 宾语为动词（短语）、主谓短语等时，谓语动词后不用"了"。例如：

① 同屋**告诉**我这儿的东西很便宜。
② 女朋友**答应**跟我一起来中国学习汉语。

(4) 结果补语、程度补语、情态补语前的动词不管行为动作发生与否，后面都不用"了"。例如：

① 你**买到**票了吗？
② 她**吃完**饭就回去了。
③ 你们**说得**非常好！

(5) 直接引语和间接引语前的动词后不用"了"。例如：

① 刘老师**说**："下星期一考试。"
② 天气预报**说**，明天有雨，咱们不要出去了。

4."动词＋了"的否定

"动词＋了＋（名词）"的否定是直接在动词前加上"没（有）"，删去"了"。例如：

① 她看了电影。→她**没（有）**看电影。
② 吃了饭就走了。→**没（有）**吃饭就走了。

"动词＋了＋（名词）"用"没（有）"否定时，必须删去"了"。下面的说法都是错误的：

① *我们没交了作业。（我们没交作业。）
② *大家没有复习了汉字。（大家没有复习汉字。）

（二）着

"着"表示行为动作的进行或状态的持续。例如：

① 同学们说**着**、笑**着**。（说话的时候说、笑正在进行。）
② 教室里还亮**着**灯。（说话时灯还亮着，表示状态持续。）

1."着"与动词和形容词

"着"表示行为动作的进行或状态的持续，但并不是所有的动词、形容词后面都能带"着"。

（1）持续动词可以带"着"。例如：

① 大家**等着**你呢！你快去吧！
② 你**穿着**羽绒服不热吗？
③ 我们**商量着**事呢！你没看见吗？

(2) 趋向动词不能带"着"。
(3) 状态动词除了"爱"以外，一般不能带"着"。
(4) 关系动词"在、是、属于、拥有"等，一般不能带"着"。
(5) 少数形容词，像颜色类形容词，可以带"着"。例如：

① 他**黑着**脸一句话都没说就走了。
② 小姑娘**红着**脸跑出去了。

形容词绝大多数不能带"着"。下面的说法都是错误的：

① *她高兴**着**唱起来了。（她高兴地唱起来了。）
② *我们快乐**着**生活在这里。（我们快乐地生活在这里。）

2. "动词+着"的否定

(1) "动词+着+（名词）"的否定是在动词前面加上"没（有）"，删去"着"。例如：

① 教室里开着灯。→教室里**没（有）**开灯。
② 桌子上放着书。→桌子上**没（有）**放书。

(2) 有些"动词+着+（名词）"可以用"别"、"不要"否定，否定后一般用于祈使句。例如：

① 看着我！→**别**看着我！/**不要**看着我！
② 在这儿等着！→**别**在这儿等着！/**不要**在这儿等着！

"'在'+代词/名词+动词+着"的否定是在"在"前面加上否定副词。下面的说法都是错误的：

① *在那儿别站着！（别在那儿站着！）
② *在床上不要躺着！（不要在床上躺着！）

(3) 还有一些"动词＋着＋(名词)"可以用"不"否定，表示假设条件。例如：

① 最近腰不好，**不**躺着就难受。
② 上午她**不**等着你，就不会迟到！

(三) 过

"过"表示过去曾经发生过某一行为动作或出现过某种状态，但现在这种行为动作不再进行或状态不再存在。例如：

① 我们去**过**北京。（以前某一时间"去"发生了，但现在不在北京。）
② 妈妈学**过**半个月汉语。（以前"学汉语"发生了，但现在不再学汉语。）

1. "过"与动词和形容词

汉语中的动词、形容词绝大多数可以带"过"，但是也有一些不能带。

(1) 认知意义动词"知道、懂、明白、认识、忘、忘记"等，都不能带"过"。

(2) 一次性动词"死、活、出生、毕业、放学、退色、出发、开幕、闭幕"等，表示人或事物存在期间只有一次，不可能重复发生，像"死""活"人的一生只有一次，"毕业"在一所学校只能有一次，"出发"一次行动也只有一次，"放学"一天只有一次，这样的动词一般不能带"过"。

(3) 非谓形容词"男、女、彩色、黑白"等不能带"过"。

(4) 状态形容词"雪白、草绿、白花花、红彤彤、慢悠悠"等不能带"过"。

2. "动词＋过"的否定

"动词＋过＋(名词)"的否定是直接在动词前面加上"没(有)"。例如：

① 这本书我看过。→这本书我**没**(**有**)看过。
② 烤鸭我吃过。→烤鸭我**没**(**有**)吃过。

练习

一、把下面的词语组成句子,注意"了"的位置。

1. 看 吧 去 再 吃饭 电影 了

2. 出来 了 椅子 房间 搬 一把 从 弟弟

3. 了 派 去 公司 他 南方

4. 饭 他 请 了 曾经 一顿 我们 吃

5. 起 下 地 外边 哗哗 了 大雨

6. 买 衣服 商店 件 去 几 昨天 了

7. 问题 多 了 已经 那 研究 进行 个 我们 次

8. 这儿 了 我们 来 一次 坐 烤鸭 地铁 吃

9. 两 玩水 喝 弟弟 了 口 出去 就 了

10. 回答 道 了 题 有 忘 一

二、把下面的句子变成否定句。

1. 他手里拿着手机。→
2. 昨天买了吃的。→
3. 王老师结过婚。→
4. 教室里亮着灯。→
5. 我们见过面。→

6. 在这儿站着！→
7. 我想过这件事。→
8. 哥哥上个星期去了上海。→
9. 我做过饭。→
10. 你们等着我。→

三、语气助词

用在句末表示语气的词叫做语气助词。语气助词很多，主要有"了、吗、呢、吧、啊、呀、的、罢了"等。例如：

① 这件衣服多漂亮**啊**！
② 吃什么**呀**？快走**吧**！
③ 我们是去年来**的**。

（一）了

语气助词"了"用在句末，提醒出现新情况。例如：

① 上课**了**！快进教室。（提醒他人"上课"这种新情况）
② 花开**了**！（告诉他人"花现在开了"这一新情况）

1. 句末必须带"了"的情况

"了"不但表示出现新情况，而且还有成句的作用，也就是说有些句子句末必须出现"了"，没有"了"句子就站不住。

（1）太……了

程度副词"太"修饰形容词（短语）或动词（短语）时，句末经常出现"了"。例如：

① **太**漂亮**了**！
② 你也**太**不认真**了**！

（2）程度补语后面要带"了"。例如：

① 把我气**死了**。

② 好看**极了**。

（3）形容词"大、小、高、低、深、浅、宽、窄、肥、瘦、长、短、咸、淡、早、晚"等做结果补语，后面常常要带"了"，表示不符合某种标准。例如：

① 衣服做**大了**，我穿不了。
② 鱼做**咸了**，味道不太好。

例①"衣服做大了"表示做的衣服不符合标准，即大了。例②"鱼做咸了"表示鱼有些咸，不符合口味。

2. 句末"了"所在句子的否定

句末"了"所在句子的否定与句中"了"一样，即在动词前加上"没（有）"，删去"了"。例如：

① 复习了。→**没（有）**复习。
② 孩子吃完了。→孩子**没（有）**吃完。

3. 两个"了"同时使用

表示"实现"的"了"和出现新情况的"了"可以同时出现在一个句子中，组成"主语＋动词＋了＋数量＋（名词）＋了"这样的句子。例如：

① 这本书我**看了**三天**了**。
② 弟弟**学了**两年汉语**了**。

"主语＋动词＋了＋数量＋（名词）＋了"中的"数量"一般表示已经完成的数量或行为动作持续的时间，如果没有后续句，含有行为动作还要继续下去的意思。例如：

① 他喝**了**三瓶啤酒**了**。（到说话的时候已经喝了三瓶，而且还要喝下去。）
② 雨**下了**两天**了**。（到说话的时候已经下了两天，而且还要下。）

(二) 吗

"吗" 用在是非问句句末表示疑问。例如：

① 吃了**吗**？
② 你是日本人**吗**？

 注意

"吗" 只能用于是非问句，不能用在正反问句、选择问句和特指问句中。下面的说法都是错误的：

① *明天下不下雪**吗**？（明天下不下雪呢？）
② *你们是英国人还是美国人**吗**？（你们是英国人还是美国人呢？）
③ *她是谁**吗**？（她是谁（呢）？）
④ *吃什么**吗**？（吃什么呢？）

"吗" 还经常用在反问句中，肯定形式表示否定的意思，否定形式表示肯定的意思。例如：

① 这东西看着那么脏，能吃**吗**？（意思为"这东西不能吃"）
② 他们**没**学过汉语**吗**？（意思为"他们学过汉语"）
③ 老师**不**是告诉过我们**吗**？（意思为"老师告诉过我们"）

(三) 呢

语气助词 "呢" 用法很复杂，而且不同的用法表示的语法意义常常也不同。

1. 表示缓和语气

（1）"呢" 用在特指问句、选择问句、正反问句和反问句中，有缓和语气的作用。例如：

① 咱们吃什么**呢**？
② 你找谁**呢**？

以上是特指问句。

① 是学汉语还是学英语**呢**？
② 你们去还是不去**呢**？

以上是选择问句。

① 明天去不去**呢**？
② 老师讲没讲**呢**？

以上是正反问句。

① 我们怎么知道她**什么**时候回去呢？ （意思为"我们不知道她什么时候回去"）
② 那么好的地方，**谁**不想去呢？ （"谁不想去呢？"意思为"谁都想去"）

以上是反问句。

"呢"不能用在是非问句中。下面的说法都是错误的：

① *明天天气好**呢**？ （明天天气好吗？）
② *汉语难**呢**？ （汉语难吗？）

（2）"呢"用在句中停顿的地方，用于列举或对举，有缓和语气的作用。例如：

① 我**呢**，你就不用管了。
② 咱们几个人分一下工，小张**呢**，擦黑板；我**呢**，扫地；小刘**呢**，摆桌子。

2. 表示行为动作进行

口语中"呢"可以表示行为动作进行。例如：

A：你干什么**呢**？（意思为"你在干什么？"）

B：洗衣服**呢**！（意思为"在洗衣服"）

3．名词（短语）＋呢

在一定的语境中，"名词＋呢"可以构成疑问句，意思为"在哪儿"或"怎么样"等。

① **我的帽子呢**？（意思相当于"我的帽子在哪儿？"）

② 今天不行，**明天呢**？（意思相当于"明天怎么样？"）

4．表示提醒对方注意

"呢"用于陈述句中，含有"提醒对方注意"的意思。例如：

① 北京大着**呢**！从南到北开车要走两个小时。

② 电影八点才开始**呢**！不用着急！

(四) 吧

"吧"有缓和语气的作用，多用于祈使句，也可以用于是非问句，还可以用于句中停顿的地方。例如：

1．用于祈使句

祈使句中常常用"吧"。例如：

① 快回去**吧**，要不你妈该着急了。

② 我们唱个歌**吧**。

2．用于是非问句

"吧"可以用于是非问句。例如：

① 昨天很热**吧**？

② 你学过汉语**吧**？

 注意

"吗"和"吧"都可以用于是非问句，但是意思有些不同。用

"吧"的句子含有猜测语气,用"吗"的句子没有这种语气。例如:

① 我们明天考试吗? (不知道"明天考不考试",所以发问。)
② 我们明天考试吧? (猜测明天考试,但是不能肯定,所以发问。)

3. 用于句中停顿处

"吧"也可以用于句中停顿处。例如:

① 就说我吧,虽然学了三年汉语,但是说得还不太好。
② 走吧,天在下雨;不走吧,又没有住的地方,真是进退两难!

(五) 啊

语气助词"啊"表示缓和的语气。

1. "啊"的语音形式和写法

受前一个音节的影响,"啊"的读音常常发生变化,而且书写形式也不同。"啊"的读音及书写形式大致如下:

前一个音节	"啊"的读音	"啊"的书写形式	例句
-i、-ü、-a、-e、-o	ya	呀	骑呀!说话呀!喝呀!
-u、-ao	wa	哇	多好哇!
-n	na	哪	天哪!
-ng	[ŋa]	啊	你真忙啊!
(z)i、(c)i、(s)i	[za]	啊	写字啊!哪次啊?
(zh)i、(ch)i、(sh)i	[ʐa]	啊	吃啊!你有事啊?

2. 用在句末

"啊"常用在陈述句、祈使句句末,也可以用于各种疑问句句末。例如:

① 你原来是这么个人哪!
② 想去?走哇!
③ 你找谁呀?
④ 他们去不去呀?

3．用在句中停顿处

口语中，"啊"也可以用在句中停顿的地方。例如：

① 他这个人**啊**，就是这个脾气！
② 春节的时候，鸡**啊**、鱼**啊**、肉**啊**，都没少吃！

用"吗"、"呢"、"吧"完成对话。

1．A：（　　　　　　　　　　　　　　　　）？
　　B：对，我是美国人。

2．A：（　　　　　　　　　　　　　　　　）？
　　B：对，是图书馆。

3．A：（　　　　　　　　　　　　　　　　）？
　　B：我不是李老师，我是张老师。

4．A：（　　　　　　　　　　　　　　　　）？
　　B：不知道，我刚到这儿。

5．A：（　　　　　　　　　　　　　　　　）？
　　B：她没学过。

6．A：弟弟到现在还没回来，（　　　　　　）？
　　B：别着急！不会有事的！

7．A：（　　　　　　　　　　　　　　　　）？
　　B：不冷，热着呢。

8．A：书包在这儿，（　　　　　　　　　　）？
　　B：我没看见。

9．A：（　　　　　　　　　　　　　　　　）？
　　B：不多，喝得完。

10．A：一会儿说买，一会儿说不买，（　　　）？
　　B：再便宜一点儿我就买。

第五节 叹 词

一、叹词的类别

用来表达感情或表示呼唤、应答的词叫做叹词。叹词可以按照意义分为如下两类：

	类别	例词
叹词	表达感情的	哈哈、嘿嘿、唉、啊
	表示呼唤、应答的	嗯、嗳、喂、嘿

(一) 表达感情的叹词

这类叹词表达高兴、惊讶、羡慕等感情，主要有"哈哈、嘿嘿、唉、啊、哎呀、嗬(hè)、哦"等。例如：

① 哈哈，原来是你呀！
② 唉，你到底去不去呀？

(二) 表示呼唤、应答的叹词

这类叹词不表达感情，只用来表示呼唤或应答，主要有"嗯、嗳、喂、嘿"等。例如：

① 嗳，大家都过来！（"嗳"表示呼唤）
② 嗯，我知道了。（"嗯"表示应答）

二、叹词的语法功能

叹词只能单独使用，不能充当任何句子成分。例如：

① 啊，我知道了！
② 哎哟！这可怎么办哪！

同一个叹词，语调不同，表达的感情常常不同。例如：

① **哎呀**！你怎么还没走呀？
② **哎呀**，你怎么又迟到了？

例①的"哎呀"语调比较高，表示惊讶；例②的"哎呀"语调比较低，表示埋怨、不耐烦。

第六节　象声词

一、象声词的类别

象声词可以按照书写形式和代表的声音是否固定分为如下两类：

	类别	例词
象声词	定型象声词	哈哈、汪汪、喵喵、淙淙
	不定型象声词	砰、嘀嗒、呱呱、呼呼、咕咚

（一）定型象声词

定型象声词的书写形式和代表的声音比较固定，像"哈哈"表示笑声、"汪汪"表示狗叫声。例如：

① 大家听完以后都**哈哈**大笑起来。
② 外面传来**汪汪**的狗叫声。

（二）不定型象声词

这类象声词有的书写形式不固定，有的代表的声音不固定，即可以表示多种声音。像水滴落下的声音可以是"嘀嗒"，也可以是"滴答"；"呱"可以表示鸭子的叫声，也可以表示青蛙的叫声。例如：

① 水嘀嗒、嘀嗒地往下滴。
② 鸭子欢快地呱、呱、呱地叫着。
③ 远处传来青蛙呱、呱、呱的叫声。

二、象声词的语法功能

象声词可以充当状语、定语等，也可以单独使用。

（一）做状语

象声词经常用来做状语。例如：

① 风**呼呼**地刮着。
② 孩子在楼上**咚咚咚**地跑过来跑过去，真吵人！

 注意

<1> 单音节象声词做状语一般要带"地"。例如：

① 门**砰**地关上了。
② 水**哗**地流了出来。

<2> 多音节象声词做状语可以带"地"，也可以不带。例如：

① 孩子把玩具**乒乒乓乓**（地）扔了一地。
② 他们两个**叽叽咕咕**（地）说了半天。

（二）做定语

象声词也可以带"的"做定语。例如：

① 听着**滴答**、**滴答**的雨声，一会儿就睡着了。
② "**呱叽呱叽**"的掌声持续了很长时间。

（三）单独使用

象声词可以单独使用。

① **砰**！**砰**！**砰**！远处传来几声枪响。
② "**呱叽**"，孩子重重地摔在了地上。

第三章

句子成分（上）

第一节 主 语

一、充当主语的词语

主语是叙述、说明或描写的对象。汉语中充当主语的主要有名词（短语）、代词、"的"字短语、数词、数量（名）、动词（短语）和形容词（短语）等。

（一）名词（短语）

名词（短语）经常用来做主语。例如：

① **书**已经买回来了。
② **我的衣服**洗了没有？

（二）代词

代词也经常用来做主语。例如：

① **我们**都学过一年汉语。
② **大家**希望什么时候去？

（三）"的"字短语

"的"字短语也常用来做主语。例如：

① **我买的**很便宜，**他买的**很贵。

② 她有两个孩子，**大的**今年八岁，**小的**今年五岁。

(四) 动词（短语）

动词（短语）可以做主语。例如：

① **笑**总比哭好。
② **学汉语**也不错。

(五) 形容词（短语）

形容词(短语)也可以做主语。例如：

① **瘦**比胖好。
② **太快**不好，**太慢**也不行。

(六) 数词和数量（名）

数词和数量（名）也可以做主语。例如：

① **一斤**五块钱。
② **一年**十二个月。
③ **一**是一，**二**是二。

> ⚠️ 注意
>
> 汉语的主语一般表示已知的人或事物，而数量（名）一般表示非已知的人或事物，因此数量（名）做主语有一些限制。下面的答句都是错误的：
>
> ① A：你去书店买什么了？
> 　　B：*一本书买了。
> ② A：你洗了几件衣服？
> 　　B：*三件衣服洗了。

"数量（名）"做主语主要有以下几种情况：

1. 对比时，数量(名) 可以做主语。例如：

① 这两本书，**一本**太难，**一本**太容易。

② 他们两个人的经济情况差别太大，**一个（人）**在天上，**一个（人）**在地上。

2. 分配任务或分发物品时，数量（名）可以做主语。例如：

① 咱们两个**一个（人）**擦桌子，**一个（人）**擦黑板，怎么样？
② **一间屋子**住三个人。

3. 强调时，数量（名）也可以做主语，经常形成"数量（名）＋都/也＋不/没（有）……"和"连＋数量（名）＋都/也……"这样的句子。例如：

① 今天**一个人**都没来。
② 我**一次**也没迟到过。
③ 她很孤独，连**一个朋友**都没有。

4. 问句中，数量（名）也可以做主语。例如：

① **一瓶啤酒**够喝吗？
② 五块钱太贵了，**两块钱**怎么样？

5. 表示价格或说明内部构成成分时，数量（名）可以做主语，一般情况下多是"数量（名）＋数量（名）"。例如：

① **一斤橘子**三块钱。
② **一天**五十块钱。
③ **一年**十二个月。

二、主语的位置

主语一般位于句首。例如：

① **这事**不好办。
② **时间**过得真快！

口语中主语有时也可以位于句末，用来强调谓语，主语前面有逗号隔开。例如：

① 真坏，你！
② 下了一天雨，昨天。

第二节　谓　语

一、充当谓语的词语

谓语是对主语进行说明、描写或叙述。充当谓语的既可以是动词（短语）、形容词短语，也可以是名词（短语）、数量（名）和主谓短语等。

（一）动词（短语）

动词（短语）经常用来充当谓语。例如：

① 他们**走了**。
② 大家**等了一天了**。
③ 啤酒**喝完了**。

（二）形容词短语

形容词短语也常用来做谓语。例如：

① 别出去了，外边**特别冷**。
② 那家商店的东西**贵得很**。

注意

<1>形容词除下面两种情况下可以单独做谓语以外，一般不能单独做谓语。

(1) 对比时可以单独做谓语。例如：

① 你**高**，他**矮**。
② 这件**好看**，那件**不好看**。

(2) 问句或答句中，可以单独做谓语。例如：

① A：你**渴**吗？
　B：我**渴**。
② A：饺子**好吃不好吃**？
　B：饺子**好吃**。

<2> 形容词（短语）一般直接做谓语，前面不能加上"是"。下面的说法都是错误的：

① A：今天冷吗？
　B：*今天**是**冷。（今天很冷。）
② A：这件衣服怎么样？
　B：*这件衣服**是**很漂亮。（这件衣服很漂亮。）

(三) 名词(短语)

名词（短语）也可以做谓语。例如：

① 明天**春节**。
② 五月一号**星期天**。
③ 他女朋友**高高的个儿**，**长长的头发**，挺漂亮的。

⚠️ 注意

名词(短语)做谓语有一些限制，表示时间、节令、天气、籍贯等的一般可以做谓语。具体情况参见第一章第一节二（四）（P.3）。

(四) 数量（名）

数量(名)也可以做谓语。例如：

① 现在**十一点半**。
② 一天**一个苹果**，一点儿也不多。

(五) 主谓短语

主谓短语可以做谓语。例如：

① 哥哥**性格**比我好。
② 这儿的饺子**馅儿**太少。

练习

用形容词完成对话。

1. A：汉语怎么样？
   B：汉语（　　　　　　　　　　）
2. A：你弟弟学习怎么样？
   B：他学习（　　　　　　　　　　）
3. A：今天很热，明天呢？
   B：明天（　　　　　　　　　　）
4. A：你的发音怎么样？
   B：我的发音（　　　　　　　　　　）
5. A：这个商店的东西便宜吗？
   B：这个商店的东西（　　　　　　　　　　）
6. A：最近我很忙，你怎么样？
   B：我（　　　　　　　　　　）
7. A：这件衣服怎么样？
   B：这件衣服（　　　　　　　　　　）
8. A：这个菜有点儿咸，那个菜怎么样？
   B：那个菜（　　　　　　　　　　）
9. A：你的同屋怎么样？
   B：我同屋（　　　　　　　　　　）
10. A：大家的宿舍怎么样？
    B：我们的宿舍（　　　　　　　　　　）

二、谓语的位置

谓语一般位于主语后面。例如：

① 昨天**很热**。
② 他们**已经考了一次口语**。

口语中为了突出或强调谓语，有时也把谓语提前。例如：

① **不错**，这件衣服。
② **走了吗**，那些孩子？

第三节 宾 语

一、充当宾语的词语

用在动词或介词后面，表示行为动作的结果、涉及的对象等的成分叫做宾语。充当宾语的有名词（短语）、代词、"的"字短语、数词、数量（名）、动词（短语）、形容词（短语）、主谓短语等。

（一）名词（短语）

名词(短语)经常用来做宾语。

① 她吃了**饭**了。
② 弟弟不喜欢**这样的玩具**。

（二）代词

代词也可以做宾语。例如：

① 他是**谁**？
② 咱们去**哪儿**？

（三）"的"字短语

"的"字短语也常用来做宾语。例如：

① 这是**妈妈买的**。

② 这个太小，挑**大**一点儿的！

(四) 数词和数量 (名)

数词、数量（名）经常用来做宾语。例如：

① 三加三等于**六**。
② 我只要**一斤**。
③ 今天上课来了**八个学生**。

(五) 动词(短语)

动词（短语）可以直接做宾语，不过，能带这种宾语的动词不多，主要有"进行、给予、怕、爱、喜欢、觉得、感到、以为、认为、希望"等。例如：

① 明天还要进行**讨论**。
② 爸爸爱**喝啤酒**。

⚠️ **注意**

<1>"进行"的宾语不能是单音节动词。下面的说法都是错误的：

① *大家要进行**学**。（大家要进行**学习**。）
② *明天进行**谈**。（明天进行**会谈**。）

<2>用做宾语的动词不能再带宾语，动词涉及的对象要用"对"引进。下面的说法都是错误的：

① *同学们要进行讨论**这个问题**。（同学们要**对这个问题**进行讨论。）
② *学校要进行研究**同学们的意见**。（学校要**对同学们的意见**进行研究。）

(六) 形容词 (短语)

形容词（短语）也可以做宾语。能带形容词（短语）做宾语的动词常见的有"怕、爱、喜欢、觉得、感到、以为、认为、希望"等。例如：

① 这种鱼怕**热**。
② 这次考试我觉得**太难了**。

(七) 主谓短语

主谓短语可以做宾语，但动词多为表示感觉或心理活动的，像"说、想、听说、觉得、认为、以为、记得、希望、知道、相信、反对、同意、建议、发现"等。例如：

① 我听说**他们都没去过上海**。
② 她以为**明天不考试**呢，所以就没复习。
③ 离飞机起飞还有一个多小时，希望**大家不要着急**。

二、双宾语

"给、送、租、借、还（huán）、告诉、通知、问、教、请教、叫、称"等动词可以带两个宾语，其中一个宾语是指人的，叫做间接宾语，另一个宾语是指事物的，叫做直接宾语。一般情况下，直接宾语放在间接宾语的后面。例如：

① 去年生日的时候爸爸送**我一块手表**。
② 下课的时候，老师告诉**我们一件事**。

三、宾语与数量短语

数量短语不仅用来表示人或事物的数量，而且还有成句的作用。有些句子的宾语中必须有数量短语，句子才能成立。例如：

① 前面走过来**一个人**。
② 我送好朋友**一本书**。

例①如果没有数量短语"一个"，"前面走过来人"就不成立；例②如果没有数量短语"一本"，"我送好朋友书"一般也不成立。

一般情况下，下列宾语中都要有数量短语：

(一) 表示出现或消失的宾语，即存现宾语，一般要有数量短语。例如：

① 这个学期学校来了**三位新老师**。

② 昨天弟弟丢了**一本词典**。

(二) 双宾语的直接宾语一般要有数量短语。例如：

① 回国的时候，老师送我**一件小礼物**。
② 售货员找我**两块钱**。

(三) "动词＋了＋宾语"中的宾语一般也要有数量短语。例如：

① 孩子吃了**一个苹果**，所以不饿。
② 今天上了**一节课**，老师有事就走了。

(四) 有些双音节动词，像"看见、想起、想到、想出、发现、发生、出现、遇见、遇到、碰到、接到、收到、得到、提到"等，所带的宾语中常常要有数量短语。例如：

① 我又想起**一件事**。
② 大家发现**一个秘密**。

在下面句子中的括号内填上适当的宾语。

1. 这个问题明天进行（　　　　　　　）
2. 上个星期一他借我（　　　　　　　）
3. 家里来了（　　　　　　　），所以不能来上课。
4. 大家都相信（　　　　　　　）
5. 仔细检查很容易发现（　　　　　　　）
6. 妈妈反对（　　　　　　　）
7. 他认为（　　　　　　　）
8. 昨天我们上了（　　　　　　　）
9. 弟弟在那儿买了（　　　　　　　）
10. 去邮局的时候，在路上遇到（　　　　　　　）

第四章

句子成分（下）

第一节 定 语

一、充当定语的词语

用在名词（短语）前，起着限制或描写作用的词语叫做定语，被限制或描写的词语叫中心语。充当定语的词语很多，既可以是名词、代词，也可以是动词（短语）、形容词（短语）、数词、数量短语、主谓短语、介词短语等，这些词语做定语有的必须带"的"，有的带不带都可以。

（一）名词

名词可以用来做定语。例如：

① **木头**桌子很轻。
② 这是**图书馆的**书。

名词做定语有的可以不带"的"，有的则必须带"的"。具体情况参见第一章第一节五（P.8）。

（二）代词

代词也经常用来做定语。例如：

① **他**爸爸是老师。

② **谁的**学习成绩好，谁就去。

代词做定语，有的要带"的"，有的不能带"的"，有的带不带都可以。详细情况参见第一章第四节四（P.39）。

(三) 形容词（短语）

做定语是形容词（短语）的主要语法功能。例如：

① **红**衣服不好看。
② 要做一个**勇敢**的人。

单音节形容词做定语一般不带"的"，双音节形容词通常要带"的"，形容词短语做定语则必须带"的"。详细情况参见第一章第三节四（P.30）。

(四) 动词（短语）

动词（短语）一般带"的"以后，才可以做定语。例如：

① **看的**人很多，**买的**人不多。
② 这是**妈妈织的**毛衣。

(五) 数词、数量（短语）

分数做定语一般要带"的"。例如：

① 这个地方**三分之一的**地区缺水。
② **百分之十的**同学住在学校外边。

数词、数量短语经常用来做定语。例如：

① 这段路我们走了**两小时**。
② 在北京玩了**一个星期**，还没玩够吗？

数量短语做定语一般不带"的"，带"的"表示描写。例如：

① **三十斤的**西瓜还真不多见。（"三十斤的西瓜"意思为"一个西瓜三十斤重"）

② 我没听说过有**两斤**的苹果。("两斤的苹果"意思为"一个苹果两斤重")

数量重叠式有两种情况，一AA式做定语可以不带"的"，一A一A式做定语要带"的"。例如：

① 这几年城市变化很大，**一座座**大楼拔地而起。
② 箱子里全是**一沓一沓**的美元。

（六）主谓短语

主谓短语做定语要带"的"。例如：

① 大家尝尝**我做的**鱼。
② **天气热的**时候我就去游泳。

（七）介词短语

介词短语做定语要带"的"。例如：

① 我忘不了大家**对我的**支持和帮助。
② 那位作家写了一本**关于鲁迅的**书。

练习

下面句子中的括号内哪些可以填上"的"，哪些不能。

1. 哥哥参加了一个去中国（　　）访问（　　）代表团。
2. 她是一个十二三岁（　　）汉族（　　）小（　　）姑娘。
3. 信封上写着（　　）她（　　）儿子（　　）地址。
4. 这是一件关系学生（　　）身体健康（　　）大（　　）事。
5. 老师为同学们提供了大量（　　）很好（　　）练习口语（　　）机会。
6. 我（　　）那（　　）一本封皮上破了一点儿（　　）词典丢了。

7. 冰箱里（ ）我从超市买回来（ ）那瓶酸奶喝了吗？
8. 上海是中国（ ）最大（ ）商业（ ）城市。
9. 你们（ ）自己（ ）对这个问题（ ）看法是什么？
10. 我已经告诉了你我们（ ）学习（ ）情况。

二、多项定语的顺序

多项定语可以分为并列关系多项定语和递加关系多项定语，不同性质的多项定语，出现的顺序有所不同。

（一）并列关系多项定语的顺序

并列关系多项定语是指几个定语地位是平等的，它们联合起来共同修饰或限制同一个中心语。例如：

① 在我国，**城市、农村的生活条件**有很大的差距。

② 现在**大米、玉米、小米的价格**差不多一样了。

例①的"城市"、"农村"是并列关系，它们一起做"生活条件"的定语；例②的"大米"、"玉米"、"小米"也是并列关系，它们一起做"价格"的定语。

1. 并列关系多项定语中的连词

并列关系多项定语如果是名词（短语）或动词（短语），一般在最后两项之间用"和"、"或"、"以及"等连接，前几项之间用"、"隔开。

① 今天、明天**和**后天的早饭都在这儿吃。
② 刮风、下雨**或**下雪的时候最好不要骑自行车。

2. 并列关系多项定语的顺序

并列关系多项定语的顺序比较灵活，一般情况下，说话人认为重要的定语放在前面。例如：

① 她是个**美丽**、**大方**的南方姑娘。
　 她是个**大方**、**美丽**的南方姑娘。
② 要合理安排**工作和休息的**时间。
　 要合理安排**休息和工作**的时间。

3. 并列关系多项定语与"的"
并列关系多项定语一般最后一项带"的"。

① **艰苦而又紧张的**留学生活就要开始了。
② **老师**、**同学和朋友的**帮助让我恢复了信心。

但是有时候为了突出定语，每项后面也可以都带"的"。

① 中华民族是一个**勤劳的**、**勇敢的**、**伟大的**民族。
② 他是个**聪明的**、**活泼的**孩子。

(二) 递加关系多项定语的顺序
递加关系多项定语是指各项定语之间没有直接的关系，它们依次修饰后面的成分。递加关系多项定语之间不能有停顿。例如：

① 那个戴眼镜的留学生是哪国人？

② 他借了一本汉英小词典。

递加关系多项定语的顺序十分复杂，不过，也有一些规律，其规律大致如下：

表示领属关系的名词（短语）或代词+表示时间或表示处所的+
　　　　　[1]　　　　　　　　　　　　　　　　[2]
指示代词+表示数量的+主谓短语、动词（短语）、介词短语+形容词（短
　[3]　　　　[4]　　　　　[5]　　　　　　　　　　　　　[6]
语）+不带"的"的形容词和名词+中心语
　　　　　　　　[7]

① 这次旅游花了**我家半年的**收入。
　　　　　　　　[1]　[4]

② 1月6号是**去年最冷的**一天。
　　　　　　[2]　[6]

③ 找一个**我们都有空的**周末一起去郊游。
　　　　[4]　　　[5]

④ **那一双大一点儿的牛皮**皮鞋多少钱？
　　[3][4]　[6]　　　[7]

练习

把下面的词语组成句子，注意定语的顺序。

1. 一位　教师　是　老　我　一九六一参加工作的　妈妈

2. 把　他　草地上　山坡　羊　开满鲜花的　赶到

3. 穿蓝衣服的　男　做报告的　同志　那个　爸爸　小李　的是

4. 任务　一项　执行　正在　上级交给的　他们　艰巨

5. 一个　英俊　是　诚实　哥哥　青年　有远大理想的

6. 照片　是　彩色　这　从报纸上剪下来的　一张

7. 很多　克服了　难以想象的　生活　大家　困难

8. 左边　颜色　第二件　大衣　往右数　红　钱　多少

9. 小　是　姑娘　就　我想找的　那个　她

10. 房间　已经　朝南的　了　单人　有人　大　预订　那间

第二节　状　语

一、充当状语的词语

　　位于动词（短语）或形容词（短语）前，起着修饰或限制作用的词语叫做状语，被修饰或限制的词语也叫中心语。能够充当状语的词语很多，既可以是形容词（短语）、副词，也可以是数量（短语）、象声词、动词短语、介词短语、固定短语等，这些词语充当状语有的要带"地"，有的带不带都可以。

（一）形容词（短语）

单音节形容词做状语不带"地"。例如：

① **快**放假了。
② **慢**走！

双音节形容词、形容词短语做状语，描写行为动作者的要带"地"。例如：

① 他**高兴地**接受了我们的邀请。("高兴"表示主语"他"的样子)
② 妈妈**非常热情地**招待了我的朋友。("非常热情"表示主语"妈妈"的态度)

描写行为动作的一般不带"地"。

① 这次考试很重要,一定要**认真**复习。("认真"表示"复习"的情态)
② 我们**坚决**不同意!("坚决"表示"不同意"的情态)
③ 最近他们俩**很少**见面。("很少"表示"见面"的次数少)

"很少"可以做状语,但"很多"不能。

(二) 副词

副词做状语大部分不能带"地",少数可以。例如:

① 他**从来**不喝酒。
② 你怎么**偷偷**(地)走了?

具体情况参见第二章第一节四 (P.60)。

(三) 数量 (短语)

数量(短语)做状语有的不能带"地",有的可以。例如:

① 他**一把**把我拉了进来。
② 饭要**一口一口**(地)吃,不能着急!
③ 服务员**一趟趟**(地)给客人送饭菜,挺辛苦的。

详细情况参见第一章第六节四 (P.54)。

(四) 动词短语

动词短语做状语,不管描写行为动作者还是描写动词,一般都要带"地"。例如:

① 他们**有条件地**同意了这个计划。
② 我们**连推带拉地**把他请来了。

(五) 象声词

象声词做状语有的要带"地",有的带不带都可以。例如:

① 他**啪地**把灯给关了。
② 外边**呼呼**(地)刮着风。
③ 钟表**滴答滴答**(地)走着。

详细情况参见第二章第六节二(P.98)。

(六) 介词短语

介词短语做状语都不能带"地"。例如:

① 大家**往前**走!
② 张老师**对我们**非常好。

(七) 固定短语

固定短语做状语可带"地",也可不带。例如:

① 同学们都**争先恐后**(地)要求参加。
② 本子上**七扭八歪**(地)写了几个字。

下面句子中的括号内哪些能填上"地",哪些不能。

1. 我们非常(　　)高兴(　　)接受了邀请。
2. 孩子从座位上很快(　　)站了起来。
3. 大家都特别(　　)激动(　　)唱了起来。
4. 这件事我确实(　　)不知道。
5. 老师叫学生大声(　　)认真(　　)朗读课文。

6. 雪花大片大片（　　）往下（　　）落着。
7. 他一个字一个字（　　）念给我们听。
8. 小李不高兴（　　）走了。
9. 大家都在静静（　　）等待着。
10. 我们连说带比画（　　）讨论了起来。

二、状语的类别

不同的状语在句子中所起的作用不同，因此可以根据它们所起的作用把状语分为如下两类：

状语	类别	例句
	描写性状语	他**生气地**离开了房间。/大家**紧张地**等待着。
	限制性状语	你**赶快**去一趟上海。/我**给你**介绍一下。

（一）描写性状语

对行为动作者的情态或动作的情貌、方式进行描写的状语叫做描写性状语。这类状语又可根据描写对象的不同分为两类，一类是描写行为动作者的，这类状语主要有形容词（短语）、动词（短语）、固定短语、副词等。例如：

① 爸爸**高兴地**笑了起来。（形容词"高兴"描写行为动作者"爸爸"）

② 妈妈**慌慌张张地**跑了出去。（形容词重叠式"慌慌张张"描写行为动作者"妈妈"）

③ 孩子们**连蹦带跳地**唱了起来。（动词短语"连蹦带跳"描写行为动作者"孩子们"）

④ 他**急赤白脸地**跟我闹。（固定短语"急赤白脸"描写行为动作者"他"）

⑤ 老刘**默默地**流着泪，一句话也没说。（副词"默默"描写行为动作者"老刘"）

另一类是描写行为动作的，这类状语主要有形容词（短语）、副词、象声词、数量短语、动词短语、固定短语等。

① 老师**简单地**介绍了一下情况。（形容词"简单"描写行为动作"介绍"）
② 这次我**亲自**去。（副词"亲自"表示行为动作"去"的方式）
③ 谁在"**砰砰**"地敲门。（象声词"砰砰"描写行为动作"敲"）
④ 他**一口**就把一个鸡蛋全吃了。（数量短语"一口"描写行为动作"吃"）
⑤ 雨在**不停地**下着。（动词短语"不停"描写"下"）
⑥ 大家**马不停蹄地**干了起来。（固定短语"马不停蹄"描写行为动作"干"）

（二）限制性状语

从时间、地点、方式、原因、对象、目的等方面对谓语进行限制的状语叫做限制性状语。这类状语主要是副词、介词短语等。例如：

① 这儿**有时**也刮台风。（"有时"表示时间）
② 同学们**在教室**复习汉语。（"在教室"表示地点）
③ 抽烟**对身体**不好。（"对身体"表示对象）
④ **为这事**，弟弟还哭了一场。（"为这事"表示原因）

三、状语的位置

状语一般位于主语后面。例如：

① 你们**快**下课了吧？
② 这儿**经常**刮大风。
③ 他**对我们**非常热情。

但是，有时由于表达的需要，状语也可以位于句首或句末，这方面的情况比较复杂，下面分别加以介绍。

(一) 形容词 (短语)

形容词 (短语) 做状语一般位于主语后。例如:

① 咱们**快**走吧!
② 他**很少**看电影。

(二) 副词

副词做状语有的可以位于主语前,有的可以位于主语后,有的位于主语前、后都可以,还有的可以位于句末。例如:

① 我**早已**知道这件事了。
② **当然**妈妈会做饭。
　　妈妈**当然**会做饭。
③ 刚六点,起床了,**都**。

详细情况参见第二章第一节三 (P.59)。

(三) 数量短语

数量短语做状语一般位于主语后。例如:

① 爸爸**一口**就把酒都喝了。
② 大家把书**一本一本地**摆上书架。

(四) 动词短语

动词短语做状语一般位于主语后。例如:

① 雪还在**不停地**下着。
② 弟弟**气哼哼地**睡觉去了。

(五) 象声词

象声词做状语一般位于主语后。例如:

① 水**哗哗地**流着,你都没看见吗?
② 谁在**砰砰地**砸门,你去看看!

（六）介词短语

介词短语有的必须出现在主语前，有的则只能出现在主语后，也有一些出现在主语前、后都可以。

1．只能出现在主语前的

"关于、至于、当"等组成的介词短语只能位于主语前，而且后面有"，"隔开。例如：

① **关于这个问题**，我们还得再讨论一次。
② **至于什么时候去**，他没说。

2．只能出现在主语后的

"把、被、叫、让、给、替、离、跟、同、和、朝、向、往"等组成的介词短语只能位于主语后。例如：

① 你们**把桌子**搬进来！
② 同学们的衣服都**被雨**淋湿了。
③ 我**给你**买了一件衣服。
④ 今天王老师**替刘老师**上课。

3．既可以出现在主语前，也可以出现在主语后的

"对、对于、为、为了、按照、依照、根据"等组成的介词短语既可以位于主语前，也可以位于主语后。例如：

① 你**对这件事**有什么看法？
   对这件事你有什么看法？
② **为了你**，我不知道挨了多少批评。
   家里的钱**为了你上学**花光了。
③ **根据规定**，你必须今年毕业。
   我们必须**根据规定**办事。

4．可以出现在句末的

口语中为了突出或强调，有时也可以把介词短语放在句末，介词

短语前面用","隔开。这样的介词主要有"在、把、从、叫、给、替、离、跟、对、为、按照、依照、根据"等。例如：

① 大家很有兴趣，**对这件事**。
② 只能给你这么多钱，**根据规定**。

（七）固定短语

固定短语做状语一般位于主语后。例如：

① 那家伙**连滚带爬地**跑了出去。
② 大家都**坐卧不安地**等待着老师公布考试成绩。

判断下面括号中的介词短语应该放在A、B哪个位置上。

1. A老师B很好。（对同学们）
2. A我B想谈一些自己的看法。（关于这件事）
3. 请A您B走一下。（往前）
4. A他家B不太远。（离这儿）
5. A自行车B借去了。（让我的好朋友）
6. 弟弟A也想B去。（跟我们）
7. A大家B试一试。（按照我说的办法）
8. A电视B关了。（给那个学生）
9. A你B走十分钟就能到。（朝东边）
10. A她辞去了工作B。（为了孩子）

四、多项状语的顺序

（一）并列关系多项状语的顺序

并列关系多项状语是指多项状语的地位是平等的，这些状语联合起来共同修饰或限制同一个中心语。例如：

① 你必须**认真**、**严肃地**对待这个问题。

② 她**坚决**、**不失礼貌地**拒绝了他。

并列多项状语之间一般用"、"隔开，状语后面如果用"地"，"地"多用在最后一项状语后面。例如：

① 大家**心平气和**、**好好地**想想。
② 他**无条件**、**毫无保留**、**心甘情愿地**把经验告诉了大家。

但是，如果突出多项状语，也可以每项后面都用"地"。例如：

他**无条件地**、**毫无保留地**、**心甘情愿地**把经验告诉了大家。

并列关系多项状语的顺序相对自由一些。例如：

① 这么做**对自己**、**对别人**都有好处。
　　这么做**对别人**、**对自己**都有好处。
② 老师**耐心**、**诚恳地**听取了同学们的意见。
　　老师**诚恳**、**耐心地**听取了同学们的意见。

（二）递加关系多项状语的顺序

递加关系多项状语是指多项状语依次修饰或限制其后的成分，这些状语也没有主次之分。例如：

① **尽快把书**还回去。

② 这么做**也太**傻了。

③ 别再给他添麻烦了。

递加关系多项状语的顺序非常复杂，但是也有一定的规律，其规律大致如下：

表示语气、关联的+表示时间的+表示范围、否定的+描写行为动作
　　[1]　　　　　　　[2]　　　　　[3]　　　　　　[4]
者的+表示目的、依据、协同的+表示处所、方向、路线的+表示对象的+
　　　　　　[5]　　　　　　　　[6]　　　　　　　　[7]
描写行为动作的+中心语
　　　[8]

例如：

① 姐姐好像也把我的衣服洗了。
　　　　[1][1]　　[7]
② 这事似乎已经被人们遗忘了。
　　　[1]　[2]　[7]
③ 学校已经根据规定严肃地处理了那个同学。
　　　[2]　　[5]　　　[8]
④ 他果然独自完成了那个实验。
　　[1]　[8]
⑤ 上课铃一响，同学们就三三两两朝教室里走。
　　　　　　　　　　[1]　[4]　　　[6]

<1> 以上顺序是一个大致的倾向，并不是绝对的。有时候为了强调或突出某个状语，位置也可以发生变动。主要有以下几种情况。

（1）表示行为动作者所在处所或路线的"在……"、"从……"可以位于描写行为动作者的前面。例如：

① 弟弟舒舒服服在家休息了一天。
　　　[4]　　　[6]

弟弟在家舒舒服服休息了一天。
　　[6]　　[4]

② 她不好意思地从我前面走了过去。
　　[4]　　　[6]

她从我前面不好意思地走了过去。
　　[6]　　　[4]

(2) 描写行为动作的也可以位于表示处所、方向、路线的前面。例如：

① 上课的时候他从教室里偷偷溜出去了。
　　　　　　　[6]　　[8]

上课的时候他偷偷从教室里溜出去了。
　　　　　　[8]　　[6]

② 把桌子往后一点一点地挪。
　　　[6]　　[8]

把桌子一点一点地往后挪。
　　　[8]　　　[6]

(3) 关联副词"也"可以位于表示对象的后面。例如：

弟弟也把书包弄丢了。
　　[1] [7]

弟弟把书包也弄丢了。
　　[7] [1]

<2> 描写行为动作的状语同时出现时，一般是音节多的在前。例如：

① 一到上海，他就马不停蹄直飞北京。
② 做完以后，要一个字一个字地好好检查。

<3> 表示范围的状语也可以在表示否定的状语后面，但意思不同。例如：

① 这些问题我**全不**会。（意思为"这些问题我都不会"。）
  这些问题我**不全**会，只会几个。（"我不全会"意思为"有的会，有的不会"。）
② 他们**都不**是美国人。（意思为"他们每个人都不是美国人"。）
  他们**不都**是美国人，有一些是英国人。（"他们不都是美国人"意思为"他们有的是美国人，有的不是"。）

练习

把下面的词语组成句子，注意状语的顺序。

1. 已经　到　李明　来　安全地　北京　了

2. 忽然　了　床上　起来　那个人　坐　从

3. 高兴　很快　她　地　抢过　手里　哥哥　那封信　从

4. 着　不动声色　一封一封　妈妈　地　信件　处理

5. 一分钱　从来　花　哥哥　乱　不　也

6. 我们　长期　全心全意　支持　地　搞　地　无条件　大家　创新

7. 在　多久　到底　他们　生活　一起　了

8. 公园　向　去　地　兴高采烈　走　孩子们　手拉手

9. 看到　到处　新建的　很容易　北京　高楼大厦　都

10. 检查　耐心地　一下　仔细地　应该　大家　认真地

第三节　补　语

　　位于动词或形容词后，表示结果、趋向、程度等的动词（短语）、形容词（短语）和副词等叫做补语。汉语的补语很复杂，不同的补语常常表达不同的意义，因此可以按照意义对它们进行分类。汉语的补语分为如下几类：

	类别	例句
补语	结果补语	我吃**饱**了。/他的手弄**破**了。
	趋向补语	抬**起**头。/小狗跑**出去**了。
	可能补语	这么多饺子吃得**完**吗？/字太小，看**不清楚**。
	情态补语	你写得**很清楚**。/她气得**哭**了。
	程度补语	今天热**死**了。/烤鸭好吃**极**了。
	数量补语	那儿我去过**一次**。/大家等**一会儿**。
	介词短语补语	你住**在这儿**吧？/这本书可以送**给我**吗？

一、结果补语

　　结果补语表示行为动作产生的结果或对行为动作做描写、说明。例如：

　　① 大家都走**累**了。（"累"是"走"的结果）
　　② 衣服洗**干净**了。（"干净"是"洗"的结果）

③ 作业都做**完**了。（"完"是"做"的结果）
④ 票都买**好**了。（"好"说明"买"）

(一) 充当结果补语的词语

充当结果补语的词语主要有两种：形容词和动词。单音节形容词一般可以做结果补语，少数双音节形容词也可以做结果补语。例如：

① 雨下**大**了，再等一会儿吧。
② 这个问题老师讲**清楚**了。

动词做结果补语的比较少，常见的有"懂、见、住、着（zháo）、完、光、走、跑、哭、掉、到、倒、丢、翻"等。例如：

① 昨天学的生词我都记**住**了。
② 他带的钱不到一个月都花**光**了。

以上动词结果补语的搭配情况如下表：

动词	补语
看、听、搞、学	懂
看、听	见
记、站、拿、抓、拉、接	住
找、买、吃、喝、看、等	着
看、吃、喝、打、写、说、念、读、洗、卖、用、画、做	完
吃、喝、买、卖、走、跑、丢	光
拿、带、骑、推、拉、轰、气、刮、偷	走
气、刮	跑
气、累、说、急、冻、吓、骂	哭
拿、刮、打、洗、卖、吃、喝、跑、扔	掉
找、买、看、听、吃、喝、拿、学、抓、打、刮	到
打、病、推、拉、刮	倒
弄、拿、跑、走	丢
弄、打、推	翻

（二）"了"、"过"的位置

"动词＋结果补语"后面可以带"了"和"过"，但不能带"着"。例如：

① 风刮小**了**。
② 她也得到**过**一次奖学金。

（三）"动词+结果补语"的否定

"动词＋结果补语"的否定是在动词前面加上否定副词"没（有）"、"不要"、"别"、"不"等，如果补语后面有"了"，"了"应删去。例如：

① 雨下**大**了。→雨**没**下大。
② 老师讲**清楚**了。→老师**没**讲清楚。
③ 你写**完**吧。→你**不要**写完。

"不＋动词＋结果补语"只能用于假设句中。例如：

① 这次**不考好**，就得不到奖学金。
② 你**不写完**，不让你回家。

（四）"动词+结果补语"带宾语的位置

"动词＋结果补语"可以带宾语，但宾语必须位于结果补语的后面。例如：

① 我想买两本书，但在书店只找到**一本**。
② 咱们打开**电视**看看比赛吧。

在下面句子中的括号内填上适当的结果补语。

1. 作业都做（　　）了。

2. 现在上课呢，你怎么睡（　　）了？
3. 老师说的话现在能听（　　）百分之六十。
4. 衣服洗（　　）了。
5. 孩子被他吓（　　）了。
6. 自行车什么时候能够修（　　）？
7. 火车票到现在也没买（　　）。
8. 猫把杯子打（　　）了。
9. 今天早上起（　　）了，所以迟到了。
10. 这么多生词一天都要记（　　）吗？

二、趋向补语

（一）充当趋向补语的词语

趋向补语表示行为动作的方向或趋向。充当趋向补语的都是趋向动词。汉语的趋向动词有：

	上	下	进	出	回	过	起	开
来	上来	下来	进来	出来	回来	过来	起来	开来
去	上去	下去	进去	出去	回去	过去	—	开去

"来、去、上、下、进、出、回、过、起、开"是简单趋向动词，它们充当的补语是简单趋向补语；"上来、上去、下来、下去、进来、进去、出来、出去、回来、回去、过来、过去、起来、开来、开去"是复合趋向动词，它们充当的补语是复合趋向补语。

（二）趋向补语的语法意义

趋向动词的基本语法意义是表示行为动作的方向或趋向，除此之外，大部分趋向动词还有很多引申意义，因此可以从这个角度对趋向补语的意义进行分类。

1. 趋向意义

趋向补语的基本语法意义是表示行为动作的方向或趋向。例如：

① 作业带**来**了吗？（"来"表示作业向着说话人的方向移动）
② 我把书送**去**了。（"去"表示"书"离开说话人向别处移动）
③ 老师走**进来**了。（"进来"表示"老师"由外边向着说话人移动）
④ 孩子们都跑**出去**了。（"出去"表示"孩子"离开说话人所在的地方到外边去）

2. 结果意义

趋向补语有时候并不表示方向，而是表示动作有了结果。例如：

① 哥哥考**上**了大学。（"上"不表示方向，而表示"考"的结果。）
② 出发的时间还没定**下来**。（"下来"不表示方向，表示"定"的结果。）
③ 邮票贴**上去**了吗？（"上去"不表示方向，表示"贴"的结果。）

3. 状态意义

趋向补语"上"、"起"、"开"、"下去"、"起来"等还可以表示行为动作等所处的状态。例如：

① 大家又说**上**了。（"上"表示"说"这一行为动作开始）
② 你们怎么又说**起**这件事了？（"起"表示"说"这一行为动作开始并继续）
③ 这么忙**下去**，会受不了的。（"下去"表示"忙"这一性质继续存在）
④ 孩子又哭**起来**了。（"起来"表示"哭"这一行为动作开始并继续）

（三）"了"在"动词+趋向补语"中的位置

"了"出现在"动词+趋向补语"中有两个位置：

A．动词＋趋向补语＋了
B．动词＋了＋趋向补语

不过，不同的位置，不仅条件不同、功能不同，而且意思也有一些细微的差别。

131

1. 动词＋趋向补语＋了

(1) "动词＋趋向补语＋了"的"趋向补语"

"动词＋趋向补语＋了"的"趋向补语"可以是简单趋向补语，也可以是复合趋向补语。例如：

① 包裹寄**来**了。
② 飞机飞**上**了天。
③ 汽车开**过来**了。

(2) "动词＋趋向补语＋了"的功能

"动词＋趋向补语＋了"可以做主语、宾语。例如：

① **拿来了**就好。
② **放进去了**没关系。
③ 弟弟说**还回去了**。

"动词＋趋向补语＋了"可以带宾语和数量补语。例如：

① 服务员拿来了**一瓶啤酒**。
② 姐姐买回来了**一堆好吃的**。
③ 他让我把护照拿出来了**三次**。

"动词＋趋向补语＋了"可以组成"的"字短语。例如：

① 拿回去了**的**都得交回来。
② 寄出去了**的**就算了。

"动词＋趋向补语＋了"可以单独用来提问或回答问题。例如：

① A：书寄去了吗？
　 B：**寄去了**。
② A：**搬进去了**？
　 B：**搬进去了**。

"动词+趋向补语+了"可以加上"吗"构成疑问句，也可以用"没有"构成正反疑问句。例如：

① 礼物送去了**吗**？
② 护照找出来了**没有**？

"动词+趋向补语+了"一般用于陈述，但不能用于描写。

2．动词+了+趋向补语
(1) "动词+了+趋向补语"的"趋向补语"
"动词+了+趋向补语"的"趋向补语"只能是"来"、"去"以及复合趋向补语。例如：

① 他把校长也请了**去**。
② 孩子吓得哭了**起来**。

(2) "动词+了+趋向补语"的功能
"动词+了+趋向补语"只能做谓语。例如：

① 他们从院子里**走了出去**。
② 妈妈把钱包**拿了出来**。

"动词+了+趋向补语"做谓语的句子带有描写的色彩，句子中常常有情态副词。

① 他**慢慢地走了出去**。
② 老师拿起笔，**刷刷地写了起来**。

(四) "动词+趋向补语"的否定

"动词+趋向补语"的否定是在动词前加上否定副词"没（有）"、"别"、"不要"等。例如：

① 学生证**没**带来。
② 大家都**没有**想起来。
③ 桌子**不要**搬出去！

假设句或疑问句中,也可以用"不"否定。例如:

① **不**说出来你就别想离开。
② 孩子怎么**不**带过来?

(五) "动词+趋向补语"带宾语的位置

1."动词+简单趋向补语"带宾语的位置

"动词+简单趋向补语"带宾语有两种位置:

A．动词+简单趋向补语+宾语
B．动词+宾语+简单趋向补语

A、B中的宾语都有一定的条件,具体情况如下。

(1) "动词+简单趋向补语+宾语"的"宾语"

当补语为"来"、"去"时,"宾语"一般为数量(名)短语。例如:

① 妈妈给我寄来**一些衣服**。
② 你给他带去**二百块钱**。

不过,一些抽象名词,像"希望、实惠、失望、问候"等,也可以位于"来"、"去"的后面。例如:

① 他没给大家带来**希望**。
② 经济发展给国民带来了**实惠**。
③ 请带去**我们对他的问候**。

 注意

除少数抽象名词外,绝大部分名词(短语),特别是处所词(短语),不能做"动词+来/去"的宾语。下面的说法都是错误的:

① *明天我回去美国。(明天我回美国去。)
② *他从图书馆借来书。(他从图书馆借来一本书。)

当补语为"来"、"去"以外的趋向补语时,"动词+简单趋向补语+宾语"中的"宾语"一般没有什么限制。例如:

① 孩子爬上**楼**了。
② 狗跑进**屋子**里了。

(2) "动词＋宾语＋简单趋向补语"的"宾语"

补语为"来"、"去"时，"宾语"可以位于趋向补语前面，即"动词＋宾语＋简单趋向补语"，其中的"宾语"可以是处所名词、事物名词，也可以是数量（名）短语。例如：

① 回**家**去！
② 明天别忘了带**照相机**来。
③ 你去买**几瓶水**来。

2. "动词＋复合趋向补语"带宾语的位置

"动词＋复合趋向补语"带宾语主要有三种位置：

A．动词＋复合趋向补语＋宾语
B．动词＋简单趋向补语＋宾语＋来/去
C．把＋宾语＋动词＋复合趋向补语

A、B、C三种格式中的宾语都有条件，具体说来如下。

(1) "动词＋复合趋向补语＋宾语"的"宾语"

"动词＋复合趋向补语＋宾语"的"宾语"为数量（名）短语。例如：

① 妈妈买回来**一箱水果**。
② 从这儿掉下去**一部手机**。

> ⚠️ **注意**
>
> "动词+复合趋向补语+宾语"的"宾语"不能为名词（短语）。下面的说法都是错误的：
>
> ① *我给你们带回来**礼物**。（我给你们带回来**一些礼物**。）
> ② *大家走回去**学校**。（大家走回**学校**去。）

(2)"动词＋简单趋向补语＋宾语＋来/去"的"宾语"

"动词＋简单趋向补语＋宾语＋来/去"的"宾语"可以是数量（名）短语，也可以是处所名词、事物名词等。例如：

① 弟弟抱回**一只猫**来。
② 同学们走进**教室**去了。
③ 刚才还好好的，怎么生起**气**来了？

(3)"把＋宾语＋动词＋复合趋向补语"的"宾语"

"把＋宾语＋动词＋复合趋向补语"的"宾语"一般是已知的，即是说话人和听话人都知道的人或事物。例如：

① 把**头**抬起来！（说话人和听话人都知道是谁的头）
② 他没把**房子**租出去？（说话人和听话人都知道是什么房子）

关于"把"字句，还有一些其他条件。详细情况参见第五章第二节六（P.184）。

一、在下面句子中的括号内填上适当的趋向补语。

1. 雪花从窗户外飘（　　）了。
2. 刚吃完早饭，弟弟就看（　　）电视了。
3. 把门关（　　），教室里有点儿冷。
4. 我想（　　）了，这个地方我去过一次。
5. 开学以后，大家就忙（　　）了。
6. 请把作业中的错字都改（　　）。
7. 成绩单老师早发（　　）了。
8. 坐（　　），咱们好好谈谈。
9. 警察把小偷抓（　　）了。

10. 只要每天都看电视，听广播，坚持（   ），一定能够提高听力水平。

二、把下面的词语组成句子，注意宾语的位置。

1. 孩子　吃的　送　他　一些　给　去

_____

2. 出　来　一张　拿　纸　请

_____

3. 风　忽然　怎么　了　刮　起　来

_____

4. 楼　了　跑　服务员　上　去

_____

5. 出　来　奇迹　你们　能够　相信　创造。

_____

6. 了　进　去　飞机　云层中　钻

_____

7. 没完没了　话　说　他　起　来

_____

8. 垃圾箱　扔　大家　果皮　请　把　进　去

_____

9. 心　考虑考虑　静　好好　大家　下　来

_____

10. 进　去　老师　教室　走　了

_____

三、可能补语

（一）充当可能补语的词语

"动词＋得＋可能补语"表示主观条件或客观条件是否允许实现某种结果或趋向等。大多数结果补语和趋向补语都能转换为可能补语。例如：

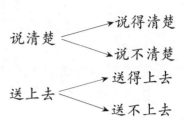

充当可能补语的主要是形容词和动词。例如：

① 这张照片放得**大**吗？
② 衣服这么脏，洗得**干净**吗？
③ 现在你拿得**出**一万块钱吗？

(二)"动词+得+可能补语"的否定

"动词＋得＋可能补语"的否定是"动词＋不＋可能补语"，而不是"不＋动词＋得＋可能补语"。例如：

① 我听**不**懂老师说的话。
② 今天雨**下不大**。
③ 书包锁在教室里了，**拿不出来**。

⚠️ 注意

<1>"动词＋得＋可能补语"的否定形式用得比较多，肯定形式用得比较少，而且多用于问答中。例如：

① A：你吃得完吗？
   B：吃得完。
② A：这个箱子他拿得动拿不动？
   B：拿得动！

肯定句中一般用"能＋动词＋结果补语"代替"动词＋得＋可能补语"。

<2>"动词＋不＋可能补语"和"不能＋动词"虽然意思相近，但是有所不同。"动词＋不＋可能补语"表示客观条件不允许，"不能＋

动词"表示不许可或禁止。例如：

① 这次没复习，**考不好**。（因为没复习，客观条件不允许考好。）
② 你**能**去，他**不能**去！（允许你去，不允许他去。）
③ 考试的时候**不能看书**！（不准看书）

<3> "动词＋不＋可能补语"和"不会＋动词"意思相近，但二者是不同的。"动词＋不＋可能补语"表示客观条件不允许，"不会＋动词"表示没有某种能力。例如：

① 他会开车，但是今天**开不了**。（今天喝酒了，客观条件不允许开车。）
② 妹妹**不会游泳**。（没有游泳的能力）

（三）宾语在"动词+得/不+可能补语"中的位置

宾语一般出现在"动词＋得/不＋可能补语"的后面。例如：

① 看得见**黑板上的字**吗？
② 大家都回家了，教室里找不到**一个人**。

如果可能补语为复合趋向动词，宾语为数量（名）短语时，可以位于复合趋向补语之间，也可以位于复合趋向补语后面。例如：

① 我拿不出**一千块钱**来。
　 我拿不出来**一千块钱**。
② 你叫不回**一个人**来？
　 你叫不回来**一个人**？

宾语为数量（名）以外的成分时，只能位于复合趋向补语之间。例如：

① 这点儿钱拿不出**手**来。
② 爬完山以后，大家累得抬不起**腿**来。

(四) 几种特殊的可能补语

汉语中有一些特殊的可能补语，主要有以下两种。

1. 动词＋得

"动词＋得"意思相当于"可以＋动词"。例如：

① 你吃**得**，我也吃**得**。
② 她去**得**，你也去**得**。

不过，这种用法用于口语中，而且动词非常少，常见的有"看、吃、去、玩、要、动"等。要特别注意的是，"动词＋得"做谓语的句子一般不能单独使用，后面要有对比句。

"动词＋得"的否定是"动词＋不＋得"，意思相当于"不能＋动词"。例如：

① 这东西有毒，吃**不得**！
② 那儿太危险，去**不得**！

应该注意的是，不少动词或形容词只能带"不得"，而不能带"得"，即有"动词/形容词＋不＋得"，没有"动词/形容词＋得"，这种"动词/形容词＋不＋得"相当于熟语。例如：

恨不得	怪不得	顾不得	巴不得	算不得	急不得
慢不得	快不得	轻不得	重不得		

2. 动词/形容词＋不＋了 (liǎo)

"动词/形容词＋不＋了 (liǎo)"表示主观、客观条件不容许实现，带有熟语性。例如：

① 春天的雨**大不了**。（客观条件不允许大）
② 今天王老师有急事，**来不了**。（客观条件不允许来）
③ 明天恐怕**去不了**。（主观条件或客观条件不允许去）

"动词/形容词＋不＋了"的肯定形式是"动词/形容词＋得＋了"，

多用于问答中。例如：

① A：这么多饺子你**吃得了**吗？
　 B：**吃得了**。
② A：明天你**走得了**走不了？
　 B：**走得了**。

仿照例子，用带可能补语的短语完成对话。

例：A：你看今天会下雨吗？
　　B：我看<u>下不下来</u>。

1. A：师傅，再便宜一点儿吧！
　 B：这是最低价，（　　　　　　　）
2. A：这么多菜能吃完吗？
　 B：（　　　　　　　）
3. A：你骑这么慢，一个小时能到家吗？
　 B：（　　　　　　　），你放心吧！
4. A：下雪了，今天还要去吗？
　 B：现在是春天，（　　　　　　　）
5. A：这辆车很漂亮，买一辆吧！
　 B：我是学生，没有钱，（　　　　　　　）
6. A：最近你见过他吗？
　 B：他很忙，（　　　　　　　）
7. A：你试试这个箱子。
　 B：这个箱子太重，（　　　　　　　），还是你来拿吧。
8. A：师傅，请您开快点儿！
　 B：现在堵车，（　　　　　　　）

9. A：这次考试你有把握吗？
   B：我没时间复习，（　　　　　　　　　）
10. A：老师，您写的字有点儿小，（　　　　　　　）
    B：那我写大点儿。

四、情态补语

情态补语表示行为动作的状态或结果，补语前面要用"得"，即"动词＋得＋情态补语"。例如：

① 他说得**很好**。
② 孩子们高兴得**跳了起来**。

（一）充当情态补语的词语

充当情态补语的主要是动词短语、形容词（短语）和主谓短语等。例如：

① 她疼得**大哭起来**。
② 肉煮得**太烂了**。
③ 风刮得**树都倒了**。

⚠️ **注意**

<1>形容词做情态补语时，前面一般要用上副词"很"、"非常"、"太"等。例如：

① 你们唱得**很好**。
② 今天吃得**太多了**。

<2>在疑问句或在比较、对比的情况下，形容词可以单独做情态补语。例如：

① 我打得**好**吗？（用于疑问句中）
② 哥哥比弟弟说得**好**。（用于比较）

③ 你打得**不错**，她打得不太好。（用于对比）

（二）"动词+得+情态补语"的否定

补语为形容词时，"动词＋得＋情态补语"有否定形式，其否定形式是"动词＋得＋不＋情态补语"。例如：

① 这次打得**不好**。
② 这架飞机飞得**不快**。

> ⚠️ **注意**
>
> 动词（短语）的否定形式一般不能用作情态补语。下面的说法都是错误的：
>
> ① *昨天晚上我累得不睡觉。（昨天晚上我累得睡不着觉。）
> ② *她紧张得不说话。（她紧张得说不出话。）

（三）宾语在"动词+得+情态补语"中的位置

"动词＋得＋情态补语"带宾语，必须重复动词，并把宾语放在第一个动词的后面，即"动词＋宾语＋动词＋得＋情态补语"。例如：

① 弟弟吃**西瓜**吃得直拉肚子。
② 老刘喝**酒**喝得上瘾了。

> ⚠️ **注意**
>
> "动词+得+情态补语"不能直接带宾语。下面的说法都是错误的：
>
> ① *山本写得很好汉字。（山本写汉字写得很好。）
> ② *你说得不错汉语。（你说汉语说得不错。）

如果"动词＋宾语＋动词＋得＋情态补语"中的"宾语＋动词＋得＋情态补语"可以组成一个主谓短语，前一个动词可以省略。例如：

① 李老师**说话说得很快**。→李老师**话说得很快**。

143

② 这孩子拉小提琴拉得挺像样子的。→这孩子小提琴拉得挺像样子的。

(四) 几种特殊的情态补语

汉语中有一些特殊的情态补语，主要有以下两种。

1. 动词＋个＋补语

"动词＋个＋补语"口语中用得比较多，补语多是形容词（短语）、动词（短语）、固定短语等。例如：

① 好几天没洗澡了，昨天洗了个**痛快**。

② 姐姐把行李捆了个**结结实实**。

③ 到现在雨还下个**不停**，根本没法离开。

"动词＋个＋补语"没有否定形式，动词后面只能带"了"，不能带"过"和"着"。例如：

① 昨天我把他骂**了**个狗血喷头。

② 妈妈不在家，孩子们把房间弄**了**个底朝天。

2. 动词＋得

"动词＋得"是口语中一种特殊说法，"得"后的补语没有说出来，后面有时可以补上"这样"、"没法说"、"不得了"之类的词语，主语前经常有"看"、"瞧"之类的动词，这种说法也常用于"把"字句，含有夸张的色彩，给人一种程度非常高，无法形容的感觉。例如：

① **看**你美**得**！

② 那天**把**我气**得**！

③ 屋子里乱**得**哟！

详细情况参见第五章第二节八（P.193）。

(五) 情态补语的位置

情态补语一般位于动词的后面。例如：

① 你的汉语说得**不错**。
② 这孩子玩游戏玩得**入了迷**。

但是，口语中为了突出或强调情态补语，也可以把情态补语移到句首，后面用"，"隔开。例如：

① **不错**，你唱得！
② **奶奶一天都没吃饭**，昨天气得！

仿照例子，用带情态补语的短语完成对话。

　　A：他的汉语怎么样？
　　B：他<u>说得很流利</u>。

1. A：他写得怎么样？
   B：（　　　　　　　　）

2. A：你会包饺子吗？
   B：会呀，（　　　　　　　　）

3. A：你怎么啦？
   B：中午（　　　　　　　　），肚子不舒服。

4. A：这次台风真厉害，（　　　　　　　　）。
   B：是啊！我还是第一次看到这么厉害的台风。

5. A：这个菜（　　　　　　　　），没法吃！
   B：大概我把盐当作糖了。

6. A：你（　　　　　　　　），能不能说快一点！
   B：说快了有些同学听不懂。

7. A：你妈妈知道这件事，很生气吧？
   B：是，（　　　　　　　　）。

8. A：我的同屋爱喝酒，一喝酒就醉，一醉就（　　　　　）。
　　B：你的同屋真够麻烦的！
9. A：今天考完了，我们一定要（　　　　　　）。
　　B：好啊！你说玩什么？
10. A：（　　　　　　）！考了90分就这么高兴！
　　B：当然了，我还是第一次考这么高的分数。

五、程度补语

表示性质或状态的程度的补语叫做程度补语。程度补语有两类，一类是副词、动词、形容词直接放在形容词、动词后面做程度补语，组成"形容词/动词＋程度补语＋了"；一类是副词、形容词等放在"得"后面做程度补语，组成"形容词/动词＋得＋程度补语"。

（一）形容词/动词+程度补语+了

"形容词/动词＋程度补语＋了"的"程度补语"主要有"极、多、坏、死、透、远"等。例如：

① 你们这么做好**极**了！
② 这件比那件大**多**了。
③ 今天把你累**坏**了吧？

 注意

<1> 这种程度补语后面一般要带"了"，没有"了"，句子就站不住。下面的说法都是错误的：

① *今天热**极**。（今天热极了。）
② *他气**坏**。（他气坏了。）

<2> "极"、"多"用于积极意义，也可以用于消极意义；"坏"、"死"多用于消极意义；"透"、"远"只用于消极意义。例如：

① 他的汉语**棒极**了。（积极意义）

② 那儿的东西**贵**极了。（消极意义）
③ 今天的天气**好**多了。（积极意义）
④ 我的汉语比他**差**多了。（消极意义）
⑤ 昨天把我**气坏**了。（消极意义）
⑥ 情况**糟透**了。（消极意义）

<3> 宾语在"形容词/动词＋程度补语＋了"中的位置
宾语位于"形容词/动词＋程度补语＋了"的后面。例如：

① 我恨透了**那个人**。
② 别累坏了**孩子**！

（二）形容词/动词+得+程度补语

"形容词/动词＋得＋程度补语"的"程度补语"主要有"很、慌、多、要死、要命、不行、够呛、厉害、可以、不得了"等。例如：

① 今天热得**很**。
② 屋里闷得**慌**，咱们出去走走吧！
③ 我饿得**不行**，买点吃的去！

⚠️ 注意

<1> 除了"慌"表示的程度可以高，也可能不高外，其他的表示的程度都很高，但也存在着程度上的差别。这种差别大致如下：

要死、要命＞不得了、不行＞够呛、厉害＞很、可以、多（"＞"表示左边的程度比右边的高）

<2> 能带"很"、"多"、"不得了"做程度补语的形容词比较多，但是"慌"、"要命"、"要死"、"不行"、"够呛"、"厉害"、"可以"一般做消极意义的形容词或动词的补语。例如：

① 这儿的葡萄**甜**得很。（"甜"为积极意义形容词）
② 那个商店的东西**贵**得很。（"贵"为消极意义形容词）

③ 坐的时间长了**累**得慌。("累"为消极意义形容词)

④ 今年夏天**热**得要死。("热"为消极意义形容词)

⑤ 飞机快起飞了,他还没来,大家**急**得够呛。("急"为消极意义形容词)

练习

在下面句子中的括号内填上适当的程度补语。

1. 那儿的风景美(　　　　)了。
2. 衣服被雨淋了,湿(　　　　)了。
3. 这事把我急(　　　　)了。
4. 我的汉语比你差(　　　　)了。
5. 大家说得好(　　　　)了。
6. 昨天天气糟(　　　　)了。
7. 这本书难(　　　　)了。
8. 今天有点儿不舒服,心里闷得(　　　　)。
9. 没吃早饭,把我饿(　　　　)了。
10. 我渴得(　　　　),咱们买点儿喝的吧。

六、数量补语

数量补语用在动词后可以表示:(1)行为动作持续的时间;(2)行为动作从结束到说话时的时间;(3)行为动作发生的次数。数量补语主要有两类,一类是动量补语,一类是时量补语。

(一)动量补语

用在动词后表示行为动作发生的次数的叫做动量补语。例如:

① 推一下。

② 让他尝一口。

③ 我们可以看一眼吗?

"动词+动量补语"可以带宾语，宾语表示事物时，只能位于动量补语的后面。例如：

① 我能**看一下**你的地图吗？
② 我们**见过两次**面。

但是宾语为指人、动物、处所的名词时，宾语既可以位于动量补语前，也可以位于动量补语后。例如：

① 通知**一下**刘老师。
　　通知**刘老师一下**。
② 你去**一趟**上海。
　　你去**上海一趟**。

宾语为代词时，多位于动量补语前面。例如：

① 告诉**他们一下**，明天上午考试。
② 校长找过**他两次**。

量词为"拳、脚、把、巴掌、刀、枪"等时，宾语只能位于动量补语的前面。例如：

① 他打了**我一拳**。
② 推**他一把**！

注意

<1>宾语为事物名词时，只能位于动量补语后面。下面的说法都是错误的：

① *你看**书一下**。（你看一下书。）
② *我每天洗**澡两次**。（我每天洗两次澡。）

<2>动词后面可以带"了"、"过"，但不能带"着"。例如：

① 他们等了一会儿就走了。
② 那本书我看过两遍。

<3> "动词＋动量补语"可以用"没（有）"直接否定，但必须出现对比项。例如：

① 我只看了一遍，**没（有）**看两遍。
② 只敲了两下，**没（有）**敲三下。

假设句或疑问句中，也可以用"不"否定。例如：

① **不**洗一下苹果，我就不吃。
② 这么多钱，**不**再数一遍？

（二）时量补语

时量补语用在动词后，表示行为动作或状态持续的时间，以及行为动作从结束到说话时的时间。例如：

① 我们等了**两天**了。
② 她毕业**一年**了。

时量补语主要有两类，一类表示行为动作或状态持续的时间，一类表示行为动作从结束到说话时的时间。

1. 表示行为动作或状态持续的时间

能带这类时量补语的动词都是持续类动词，即这些动词表示的行为动作都可以持续或反复发生。例如：

① 我们**跳**了半天了。
② 上午**踢**了一会儿球。

(1) 宾语在"动词＋时量补语"中的位置

宾语一般位于"动词＋时量补语"后面。例如：

① 他只学了**三个星期**汉语。

② 弟弟吃了**三天**方便面。

宾语位于时量补语后面，有时时量补语后面可以带"的"，但宾语不能是指人的名词、代词。例如：

① 明天要坐**十个小时的**飞机，早点儿休息吧。
② 大家走了**一天的**路，现在非常累。

宾语为指人的名词、代词时，一般位于时量补语前面。例如：

① 我们等了**老师一个小时**。
② 大家找**你两天**了，你去哪儿了？

补语为"一会儿"、"半天"时，宾语可以在时量补语前，也可以在后。例如：

① 等**一会儿**弟弟。
   等**弟弟一会儿**。
② 妈妈说了**半天**姐姐。
   妈妈说了**姐姐半天**。

（2）限制数量补语的副词的位置

限制数量补语的副词一般放在动词前，但有的也可以放在时量补语前。例如：

① 我**已经**学了一年汉语。
   我学汉语**已经**一年了。
② 张老师**整整**用了一年时间才完成这本书。
   张老师用了**整整**一年时间才完成这本书。

"动词＋时量补语"的"动词"后面可以带"了"和"过"，但不能带"着"。例如：

① 前天刮**了**一天风了。
② 他们只学**过**一个星期汉语。

2. 表示动作结束以后的时间
能带这类补语的动词为结束性动词和动词带结果补语的短语。例如：

① 刘老师毕业**三年**了。
② 她家的小狗走丢**一个月**了。

(1) 宾语在"动词＋时量补语"中的位置
宾语只能位于"动词＋时量补语"的"动词"后面，即"动词＋宾语＋时量补语"。例如：

① 弟弟结婚**三个月**了。
② 刘老师当上**教授三年**了。

(2) 限制数量补语的副词的位置
限制数量补语的副词一般位于数量补语前。例如：

① 妈妈毕业**好像**三十年了。
② 雨停了**差不多**一个小时了。

练习

判断括号中的数量补语应该放在A、B或C哪个位置上。
1. 咱们等A他们B。（一会儿）
2. 我们在中国学了A汉语B。（三个月）
3. 每个星期都给女朋友A打B电话C。（三次）
4. 孩子去A中国B了。（半年）
5. 弟弟看了A电视B了。（半天）
6. 下了A雪B了，怎么还不停呀？（三天）

7. 哥哥A结B婚C了。（二十年）
8. 他们上个星期A见过B面C。（一次）
9. 飞机离开A北京B了。（一个多小时）
10. 是谁打了A他B？（一巴掌）

七、介词短语补语

由介词"在、自、于、向、往"等组成的介词短语也可以做补语，这样的补语叫做介词短语补语。例如：

① 今天就住**在**这儿吧！
② 我们班的同学来**自**四面八方。
③ 这列火车开**往**上海。

<1> 动词后面不能带"了"、"着"或"过"；
<2> "动词＋介词短语补语"不能带宾语或补语；
<3> 能带介词短语做补语的动词很少。

第四节 独立成分

一、独立成分定义

独立成分是指独立于句子之外的成分，这种成分既不是句子的主语、谓语、宾语，也不是句子的状语、定语、补语。例如：

① **看来**，这事不好办。
② **据他说**，他以前看过这本书。

例①的"看来"是独立成分，它独立于句子"这事不好办"之外；例

②的"据他说"也是独立成分，它不属于"他以前看过这本书"这个句子中的任何成分。

二、独立成分的类型

从意义上来看，独立成分主要有如下几类。

（一）表示想法、看法或态度的

这种独立成分主要有"我看、我想、我觉得、依……看、依我说、说真的、不瞒你说"等。例如：

① **我看/想/觉得**，咱们还是明天去吧。
② **依你看**，这事应该怎么办？
③ **说真的**，你打算什么时候结婚？

（二）表示消息来源的

这类独立成分主要有"据……说、听……说、据……调查、相传、据……考证、据……记载"等。例如：

① **据老人说**，以前从来没有下过这么大的雪。
② **听爸爸说**，他小时候根本就没玩过玩具。
③ **据调查**，昨天他确实不在家。

（三）表示引起对方注意的

这类独立成分主要有"你看、你想、你想想、你瞧、你说、瞧、看"等。例如：

① **你看**，这事应该怎么办？
② **你想啊**，机会难得，谁不想去呀？
③ **你瞧**，前面来了一个人！

（四）表示推测、估计的

表示推测、估计的独立成分常见的有"看起来、看上去、看来、看样子、算起来、充其量、少说"等。例如：

① **看起来**，这事有些不好办。
② **算起来**，我来中国已经半年了。
③ **充其量**你也就1米75。

(五) 表示举例、说明的

表示举例、说明的独立成分主要有"例如、譬如、拿……来说、像"等。例如：

① 我吃过很多中国菜，**例如**麻婆豆腐、杏仁豆腐、北京烤鸭等，我都吃过。
② 就**拿**钱**来说**，没有钱不行，钱多了也不是好事。

(六) 称呼语

说话时为了引起听话人的注意或出于尊敬，常常使用称呼语。称呼语很多，既可以是亲属称呼，也可以是非亲属称呼。例如：

① **警察同志**，请问去天安门怎么走？
② **老刘**，吃了饭去打篮球，别忘了！

(七) 感叹词

① **哎呀**！你怎么现在才来呀？
② **啊**，明天有考试？我怎么不知道？

(八) 象声词

① **咚咚咚**，外面响起了急促的敲门声。
② **噼噼啪啪**，新年的鞭炮声从四面八方传来。

三、独立成分的位置

独立成分一般位于句子前面，后面常有","隔开。例如：

① **我想**，这么做恐怕不合适。
② **说真的**，明天的比赛我不想参加。

但是，也有一些独立成分可以位于主语后、谓语前，这样的独立成分主要有表示想法、看法或态度以及表示推测或估计的。例如：

① 这事，**我看**，还是好好商量商量再说。
② 下周的考试，**依我看**，不会太难。
③ 刘老师**看上去**很年轻。

还有一些独立成分可以位于句末，这样的独立成分主要是表示想法、看法或态度的，表示推测或估计的等。例如：

① 这次比赛他们还赢不了，**我看**。
② 他们是大学同学，**据说**。
③ 这一课本周学不完，**看起来**。

练习

用下面的独立成分填空。

　　瞧　　我看　　说真的　　你看　　例如　　你想想　　算起来
你想　　据调查　　不瞒你说

1. (　　　) 这些钱应该怎么分？
2. (　　　)，你今年到底多大了？
3. (　　　)，还是烤鸭好吃。
4. (　　　)，我学习汉语也两年了。
5. (　　　)，下这么大的雪，谁还出来跑步呀？
6. (　　　)，这事的确与他弟弟无关。
7. (　　　)，他以前结过一次婚。
8. 妈妈会好几种外语，(　　　) 英语、法语、德语，妈妈都会说。
9. 天这么晚了，(　　　) 今天就别回去了。
10. (　　　)！我们给你准备了什么礼物？

第五章

单　句

第一节　句子的类型

一、句子的功能分类

汉语的句子按功能分为如下几类：

	类别	例句
句子	陈述句	今天有雨。/明天很热。
	疑问句	你多大？/他是美国人吗？
	祈使句	出去！/请把护照拿出来。
	感叹句	今天真热啊！/多漂亮的地方啊！

（一）陈述句

陈述句叙述一件事情或说明一种情况。例如：

① 昨天很冷。
② 我觉得汉语比较难。

（二）疑问句

疑问句提出问题或询问某种事情。例如：

① 你去哪儿了？
② 明天有课吗？

疑问句可以进一步分为五类：

	类别	例句
疑问句	是非问句	你是留学生吗？/他会说汉语吗？
	特指问句	谁教你们口语？/明天去哪儿？
	正反问句	他是不是留学生？/你们学没学过汉语？
	选择问句	吃饺子还是吃包子？/你学汉语还是英语？
	反问句	这事你怎么知道？/她是中国人，不会说汉语吗？

1. 是非问句

要求做出肯定或否定回答的问句叫做是非问句。是非问句常见的有三种：

（1）"陈述句＋吗"是非问句

陈述句句末带上疑问助词"吗"，就变成了是非问句。例如：

① 你去过北京**吗**？

② 汉语难学**吗**？

这类句子的肯定回答一般是直接对问题做出肯定的回答，也可以先用"对"、"是"，然后再做出肯定回答。例如：

① A：昨天下雨了吗？

　B：**下雨了**。

② A：他们都是大学生吗？

　B：**是，他们都是大学生**。

否定回答一般是直接对问题做出否定的回答，也可以先用"不"、"不是"等，然后再做出否定回答。例如：

① A：今天热吗？

　B：**不热**。

② A：汉语难学吗？

　B：**不，汉语不难学**。

(2) "陈述句＋好吗"之类的是非问句

这类是非问句是先提出自己的看法、建议等，然后句末加上"好吗"、"可以吗"、"对吗"、"行吗"等表示疑问，"好吗"、"可以吗"、"对吗"、"行吗"前面有逗号隔开。例如：

① 明天再去，**好吗**？
② 给我看看，**可以吗**？

这类是非问句的肯定回答是"好"、"可以"、"对"、"行"等，否定回答是"不好"、"不行"、"不对"等。例如：

① A：明天再看，好吗？
　B：**好**。
② A：咱们慢点儿走，可以吗？
　B：**不行**。

"可以"的否定回答一般用"不行"，很少用"不可以"。

(3) "陈述句＋疑问语调"的是非问句

陈述句带上疑问的语调就成了是非问句。例如：

① 这件衣服你觉得漂亮？
② 这次不考第六课？

2．特指问句

用疑问代词或疑问副词提问的句子叫做特指问句。一般情况下，问人用"谁"、"什么人"等，问处所用"哪儿"、"哪里"、"什么地方"等，问时间用"什么时候"、"哪天/月/年"、"几点/号"等，问方式用"怎么"、"怎么样"等，问程度用"多＋形容词"。这种疑问句与陈述句的词序一样，提问句子的哪个成分，就把疑问代词、疑问副词或"多＋形容词"放在那个成分所在的地方。例如：

① **谁**是你们的口语老师？
② 他们在找**什么**？
③ 你**多大**？

3. 正反问句

问句中的谓语动词为动词或形容词的肯定形式和否定形式并列起来的叫做正反问句。例如：

① 你**知道不知道**这件事？
② 昨天**下没下**雨？

正反问句可以根据构成成分的不同进一步分为三类。
(1) 主语＋动词/形容词＋不/没＋动词/形容词
"主语＋动词/形容词＋不/没＋动词/形容词"是一种常见的正反问句。例如：

① 她**走没走**？
② 汉语**难不难**？

如果动词带宾语，宾语主要有两种位置：

主语+动词+不/没+动词+宾语
主语+动词+宾语+不+动词

例如：

① 他**会不会汉语**？
② 你**吃没吃包子**？
③ 你**喝啤酒**不喝？

如果肯定形式后面带"了"，否定形式只能用"没有"，即"主语＋动词＋了＋没有"；动词如果带宾语，"了"在宾语后，即"主语＋动词＋宾语＋了＋没有"。例如：

① 你们看**了没有**？
② 你们看**电影了没有**？

(2) "是不是"正反问句

在陈述句的谓语前面加上"是不是"，或者在句首、句末加上"是不是"，就成了"是不是"正反问句。"是不是"位于句末时，前面要用"，"隔开。这种问句提问人一般对某种情况有比较肯定的估计。例如：

① 你妈**是不是**也知道？
② **是不是**你妈也知道？
③ 你妈也知道，**是不是**？

这种正反问句的肯定回答是"是"，或直接用肯定形式回答；否定回答是直接用否定形式回答。例如：

① A：你们是不是去过中国？
　 B：**是，我们去过中国**。
② A：今天有点儿热，是不是？
　 B：**今天不热**。

(3) "陈述句＋好不好"之类正反问句

这类正反问句是在陈述句句末用上"好不好"、"行不行"之类，"好不好"、"行不行"等前面一般用"，"隔开。例如：

① 明天去，**好不好**？
② 咱们吃饺子，**行不行**？

这种正反问句的肯定回答是"好"、"行"等；否定回答是"不好"、"不行"等。例如：

① A：咖啡淡点儿，好不好？
　 B：**好**。
② A：门关上，行不行？
　 B：**不行**。

4. 选择问句

含有"(是)……还是……"的问句叫做选择问句。选择问句常常列举几种情况,要求听话人做出选择。例如:

① (是)今天买,**还是**明天买?
② 我们去上海**还是**去北京?
③ 咱们喝啤酒,**还是**葡萄酒,**还是**白酒?

5. 反问句

汉语中的各种句子都可以加上反问语气变成反问句。反问句是用疑问的语气来对某种情况或事实加以肯定或否定,以达到突出或强调的目的。一般情况下,肯定形式表示否定的意思,否定形式表示肯定的意思。例如:

① 他是老师吗?我们怎么没见过他呀?("他是老师吗"意思为"他不是老师")
② 这么好的天,哪会有雨呀?("哪会有雨呀"意思为"不会有雨")

几种特殊的反问句:
(1) (主语)+动词/形容词+什么
"(主语)+动词/形容词+什么"口语中经常用来表示反问。例如:

① **吵什么**?有意见可以提!("吵什么"意思为"别吵")
② **漂亮什么**呀?(不漂亮)

(2) (主语)+有什么+形容词+(的)
"(主语)+有什么+形容词+(的)"也经常用来表示反问。例如:

① 这**有什么难看**?(不难看)
② 电影**有什么好看**的?(不值得看)

(3) 动词+宾语+做/干什么
"动词+宾语+做/干什么"用于反问句,表示没有必要或不应该。例如:

① 找他干**什么**？（不要找他）
② 这么凉快，开空调做**什么**？（"开空调做什么"意思为"没有必要开空调"）

(4) 谁说＋（主语）＋谓语
"谁说＋（主语）＋谓语"口语中用于反问句，表示否定某种情况或对方的看法。例如：

① **谁说**我不知道？（我知道）
② **谁说**明天不上课？（明天上课）

(5) "你说＋正反疑问形式"反问句
"你说＋正反疑问形式"反问句都表示肯定的意思。例如：

① 刚才我还看见词典在这儿，转眼就不见了，**你说**这事怪不怪？（"你说这事怪不怪"意思为"这事很奇怪"）
② 当着这么多人的面，**你说**丢人不丢人？（"你说丢人不丢人"意思为"丢人"）

(三) 祈使句
表示请求、命令、催促或劝告的句子叫做祈使句。例如：

① 明天早点儿起床！
② 不要把头伸出车窗外！

1. 祈使句中的动词
(1) 能用于祈使句中的动词
祈使句中的动词一般为可控动词，即动词表示的行为动作是有意识的，行为动作发出者能够控制。可控动词一般能单独构成祈使句。例如：

① 吃！
② 喝！

但是也有很多可控制动词不能单独构成祈使句，这些动词要用于祈使句，必须有其他词语一起出现。例如：

① 带着！
② 躺下去！
③ 你负责吧！
④ 用这个！
⑤ 别开！

(2) 不能用于祈使句的动词

不能用于祈使句的动词很多，主要有以下几类：

[1] 关系动词"有、是、像、属于、表示"等；

[2] 能愿动词"能、可以、会"等；

[3] 状态动词"爱、喜欢、知道、懂得"等；

[4] 不可控制动词（动词表示的行为动作是无意识的，行为动作发出者不能加以控制）"醒、长、病、懂、丢、怕、伤、生"等；

2. 祈使句中的形容词

(1) 能用于祈使句的形容词

祈使句中的形容词一般为可控制形容词，即形容词表示的性状或性质能够加以控制。不过可控制形容词一般不能单独用于祈使句，用于祈使句时常常要有其他词语一起出现。可控制形容词用于祈使句常见的有以下两种情况："形容词＋数量补语（一点儿）"、"否定副词＋（那么）＋形容词"。例如：

① 快一点儿！
② 考试的时候仔细一点儿！
③ 别客气！

(2) 不能用于祈使句的形容词

不能用于祈使句的形容词主要有以下两类：

[1] 非谓形容词"男、女、彩色、黑白、大型"等；

[2] 不可控制形容词（形容词表示的性状或性质不能加以控制）"健康、年轻、舒服、幸福、自由、感动"等。

(四) 感叹句

表示赞美、惊讶等强烈感情的句子叫做感叹句。例如：

① 这件衣服多漂亮啊！
② 这座楼真高！

感叹句分为两类，一类是"(主语)＋副词＋形容词"。例如：

① 你说的真好！
② 我们的老师多么热情啊！

另一类是"程度副词＋形容词＋的＋名词"。例如：

① 多么聪明的孩子呀！
② 好漂亮的衣服！

练习

一、把下面的句子变成带"吗"的疑问句。

1. 他是美国人。
2. 汉语很难。
3. 今天天气冷。
4. 我妈妈去过北京。
5. 我们都学过一年汉语。
6. 大家的汉语水平提高了。
7. 啤酒他都喝光了。
8. 昨天晚上八点就睡了。
9. 他的作业交给老师了。
10. 下星期二上午有考试。

二、仿照例子，就下面句子中画线的部分提问。
　　　例：他是我们老师。→谁是我们老师？

　　　1. 今天晚上去吃饺子。→
　　　2. 他喝了八瓶啤酒。→
　　　3. 弟弟睡了九个小时觉。→
　　　4. 这是他的汉语词典。→
　　　5. 我们住在9号楼。→
　　　6. 颐和园在北京的西北。→
　　　7. 大家坐车去看电影。→
　　　8. 我明年8月回国。→
　　　9. 把椅子往前挪一下。→
　　　10. 我买了一张中国地图。→

三、请说出下面画线问句的意思。
　　　1. 你见过我吗？我这是第一次到中国来。
　　　2. 饺子不好吃吗？我还第一次听人这么说。
　　　3. 这儿不漂亮吗？这儿不漂亮就没有漂亮的地方！
　　　4. 你是我们的老师吗？你没给我们上课呀！
　　　5. 他累？他睡了八个小时了！
　　　6. 这件衣服便宜？三千多块钱呢！
　　　7. 昨天晚上你没喝醉？那你告诉我你在哪儿吃的饭，在哪儿睡的觉？
　　　8. 他不喜欢你吗？那他为什么老给你打电话，老请你吃饭？
　　　9. 王老师没结婚吗？我听说他有一个儿子。
　　　10. 衣服洗干净了？上面怎么还有脏的地方？

二、句子的构成分类

　　汉语的句子按照构成成分可以分为主谓句和非主谓句，主谓句可以进一步按照构成成分分类。汉语句子的构成分类大致如下表：

	类别	例句
句子	主谓句 动词谓语句	你去吧。/咱们唱歌吧。
	形容词谓语句	今天很热。/他有点儿累。
	名词谓语句	星期一圣诞节。/现在八点。
	主谓谓语句	姐姐个儿不高。/这件衣服颜色很好看。
	非主谓句	出发!/早点儿回去!

(一) 动词谓语句

谓语为动词（短语）的句子叫做动词谓语句。例如：

① 今天**学第五课**。
② 我们都**爱吃北京烤鸭**。
③ 大家把教室**打扫干净**！

汉语的动词很少单独做谓语，一般在对比时或问句、答句中可以单独做谓语。例如：

① 你**去**，我不去。
② A：明天**考试**吗？
　 B：明天**考试**。

(二) 形容词谓语句

谓语为形容词（短语）的句子叫做形容词谓语句。例如：

① 教室里**太热了**。
② 这儿比那儿**凉快多了**。

 注意

<1> 问答或对比时，形容词可以单独做谓语，一般情况下，形容词或者带状语，或者带补语才能做谓语。下面的说法都是错误的：

① *王老师漂亮。（王老师很漂亮。）
② *我今天累。（我今天累死了。）

<2> 强调、确认时，形容词（短语）谓语前可以出现"是"，一般情况下前面不能出现"是"。下面的说法都是错误的：

① *这本书是贵，我不想买。（这本书有点儿贵，我不想买。）
② A：北京烤鸭怎么样？
　　B：*北京烤鸭是好吃。（北京烤鸭好吃。）

（三）名词谓语句

谓语为名词（短语）、数词、数量短语等的句子叫做名词谓语句。例如：

① 明天**春节**。
② 他姐姐**两个孩子**了。

⚠ 注意

汉语表示时间、节令、天气、籍贯等的名词可以做谓语，其他名词不能做谓语。例如：

① 星期二**国庆节**。
② 昨天**晴天**。
③ 刘老师**上海人**。

（四）主谓谓语句

谓语为主谓短语的句子叫做主谓谓语句。例如：

① 我们**周一有考试**。
② 那孩子**个儿不高**，但是劲很大。

汉语的主谓谓语句很多，主要有如下几类。

1. 大主语和小主语是整体和部分关系。例如：

① **衣服扣子**掉了。（大主语"衣服"和小主语"扣子"是整体和部分关系）

② **词典封皮**破了。（大主语"词典"和小主语"封皮"是整体和部分关系）

2. 大主语是小主语的领有者。例如：

① **你儿子鼻子**真高。（大主语"你儿子"是小主语"鼻子"的领有者）

② **我们学校图书馆**非常漂亮。（大主语"我们学校"是小主语"图书馆"的领有者）

3. 小主语是大主语的属性。例如：

① **哥哥性格**比我好。（小主语"性格"是大主语"哥哥"的一种属性）

② **他脾气**很坏。（小主语"脾气"是大主语"他"的一种属性）

4. 大主语是行为动作承受者，小主语是行为动作发出者。例如：

① **饺子我**买了。（大主语"饺子"是行为动作承受者；小主语"我"是行为动作发出者）

② **电视妈妈**给关了。（大主语"电视"是行为动作承受者，小主语"妈妈"是行为动作发出者）

5. 大主语是时间，小主语是行为动作发出者。例如：

① **星期二我们**去旅游。（大主语"星期二"是时间，小主语"我们"是行为动作发出者）

② **国庆节学校**放假。（大主语"国庆节"是时间，小主语"学校"是行为动作发出者）

6. 大主语是行为动作发出者，小主语是时间。例如：

① **我们明天**休息。（大主语"我们"是行为动作发出者，小主语"明天"是时间）

② 老师星期一请我们去他家。(大主语"老师"是行为动作发出者，小主语"星期一"是时间)

7. 大主语是行为动作承受者，小主语是时间。例如：

① **作业晚上**再做吧。(大主语"作业"是行为动作承受者，小主语"晚上"是时间)

② **床单昨天**就换了。(大主语"床单"是行为动作承受者，小主语"昨天"是时间)

8. 大主语是处所，小主语是时间。例如：

① **超市下周**有优惠。(大主语"超市"是处所，小主语"下周"是时间)

② **商店新年**不开门。(大主语"商店"是处所，小主语"新年"是时间)

9. 大主语是处所，小主语是行为动作发出者。例如：

① **这个房间你**住，**那个房间我**住。(大主语"这个房间"和"那个房间"是处所，小主语"你"和"我"是行为动作发出者)

② **北京妈妈**去过两次。(大主语"北京"是处所，小主语"妈妈"是行为动作发出者)

10. 大主语表示对象或相关的事物，小主语是行为动作发出者。例如：

① **汉字我**有兴趣。(大主语"汉字"是对象或相关事物，小主语"我"是行为动作发出者)

② **这事大家**都有数。(大主语"这事"也是对象或相关事物，小主语"大家"也是行为动作发出者)

 注意

除了大主语为时间、行为动作发出者，小主语为行为动作发出者、时间（第5类、6类）以及大主语为处所、小主语为时间（第8类）的主谓谓语句的大主语和小主语可以互换以外，其他主谓谓语句的大主语和小主语一般不能互换。例如：

① **明天一班**考试。→**一班明天**考试。
② **我们全家春节**去国外旅游。→**春节我们全家**去国外旅游。
③ **超市中秋节**优惠。→**中秋节超市**优惠。

练习

一、仿照例子，把两个句子变成一句话。

　　例：他很高。
　　　　个儿很高。→他个儿很高。

　1. 今天很热。
　　　天气很热。→
　2. 后天考试。
　　　我们考试。→
　3. 这本书很难。
　　　内容很难。→
　4. 衣服脏了。
　　　领子脏了。→
　5. 那个商店有活动。
　　　星期天有活动。→
　6. 弟弟有点儿内向。
　　　性格有点儿内向。→
　7. 那个教室上自习。
　　　我们上自习。→

8. 花浇水了。
   妈妈浇水了。→

9. 那个大学非常漂亮。
   校园非常漂亮。→

10. 我们在一起吃饭的事忘了。
    他忘了。→

二、判断括号中的词语应该放在A、B哪个位置上。

1. A我一般B不用。（电子词典）
2. A自行车B弄丢了。（弟弟）
3. A那个地方B去过三次。（我们）
4. A汉语B很难。（发音）
5. A全聚德的烤鸭B最好。（味道）
6. A那件皮大衣B非常好。（质料）
7. A头发B太长了，该理了。（孩子）
8. A昨天晚上的电影B很有意思。（情节）
9. A这次考试B没有一点儿底。（心里）
10. A元旦B要加班，不能去旅游。（公司）

第二节 特殊句子

一、"是"字句

"是"字句的类型非常多，"是"字句的宾语既可以表示等同、归类，也可以从某个方面对主语加以说明等。例如：

① 二月是28天。（宾语表示等同）
② 她是近视眼。（宾语说明主语的特征）

③ 这儿**是**黄河的源头。（宾语说明处所）
④ 他**是**导演，我们**是**演员。（宾语说明职业）

除了这些基本用法以外，"是"还有一些特殊的用法。

（一）表示存在

"处所词(短语)＋是＋(数量)名"表示某处存在某事物。例如：

① 箱子里**是**衣服。
② 后面**是**我妹妹。
③ 图书馆的前面**是**一家书店。

▼注意

"是"表示的"存在"一般是独一无二的，即除了某事物以外，没有其他事物。

（二）表示强调

"主语＋是＋……＋动词＋的＋（宾语）"表示强调。例如：

① 我们是**昨天**到的北京。（强调时间"昨天"）
② 她是在**中国**学的汉语。（强调处所"中国"）
③ 我们是**刘老师**教的口语。（强调人物"刘老师"）
④ 妈妈是**坐火车**去的上海。（强调方式"坐火车"）
⑤ 大家是来**学汉语**的。（强调目的"学汉语"）

详细情况参见第八章第三节二（P.255）。

（三）表示肯定

"主语＋是＋动词（短语）/形容词（短语）"可以用来表示肯定，这种情况下，"是"要重读。例如：

① 他'**是**说过这话！
② 今天'**是**很热！

对话中，也可以用"是"对对方的意见或看法等表示肯定或赞同。

例如：

① A：今天挺热的。
　　B：是。
② A：大家回去以后一定要好好复习！
　　B：是。

(四) 表示解释或说明原因

"主语＋是＋动词（短语）/形容词（短语）"常用来解释或说明原因，这种情况下经常有上文，"是"一般不重读，有时肯定句和否定句对举。例如：

① A：他怎么了？
　　B：他**是**多喝了几杯酒，没事！
② A：妈妈怎么这么早就睡了？
　　B：妈妈**是**累了，让她休息一会儿吧。
③ 这个价钱**是**贵，**不是**便宜。

(五) 表示无例外

口语中，"是"用在名词前，表示无例外，意思相当于"凡是"，"是"重读。例如：

① '**是**车就上。
② '**是**人都知道这么做不对。

(六) A是A

"A是A"前后两个成分相同，A可以是名词（短语）、动词（短语）、形容词（短语）等，该格式表达的意思主要有以下几种。

1. 表示让步，A多为动词和形容词。例如：

① 电影票买是买了，但是忘了放在哪儿了。
② 这么做好是好，就是太费工夫。

2. 表示界限分明，不含混。A多为名词、代词、数词等，一般两个"A是A"对举。例如：

① 这孩子写的字，点**是**点，横**是**横，非常清楚。
② 你**是**你，我**是**我，我们没有关系！
③ 一**是**一，二**是**二，是多少就是多少。

3. 肯定主语就是宾语所代表的那一类，"是"前一般要用"就"。例如：

① 年轻人就**是**年轻人！
② 去了就**是**去了，没去就**是**没去，要说真话！
③ 热就**是**热，不热就**是**不热，别瞎说！

(七)"是"用在"时候"、"地方"的前面

"是"用在"时候"、"地方"前，一般前面有"真"、"的确"等程度副词，表示"合适"、"正好"等意思。例如：

① 你来得真**是时候**，我们一起吃吧！
② 你们坐的真**是地方**！坐在这儿看得最清楚。

仿照例子，把下面的句子改成"A是A"句。

　　例：汉字很难，不过很有意思。→汉字难是难，不过很有意思。

　　1. 你想看的那本书我有，只是现在不在我手头上，朋友借去看了。→
　　2. 老张虽然来过了，可是你要的东西他没有给你带来。→
　　3. 那一课老师讲过了，但是讲得不够详细。→
　　4. 这些词语他们学过了，时间长了，忘了怎么用了。→

5. 那个讲座我们听了，可没听懂。→

6. 这孩子很有头脑，只是太骄傲。→

7. 哥哥写得很慢，不过写得很漂亮。→

8. 那篇文章很短，却很有意思。→

9. 北京的冬天有些冷，不过也不是人们想象的那么冷。→

10. 这种布虽然有点儿贵，可是非常结实。→

二、"有"字句

"有"表示领有、具有、存在、包括等。例如：

① 那所学校**有**一百多年的历史了。（"有"表示"具有"）

② 校园里**有**一个小邮局。（"有"表示"存在"）

③ 一年**有**三百六十五天。（"有"表示"包括"）

"有"表示的"存在"一般不是独一无二的，即除了某事物以外，还有其他事物。下面的说法都是错误的：

① *他后面有大卫。（他后面是大卫。）

② *（银行西边只有邮局）银行西边有邮局。（银行西边是邮局。）

除此之外，"有"还有一些特殊用法。

（一）用于估计

"（主语）＋有＋数量＋（形容词）"（"形容词"多为度量衡方面的）表示估计。例如：

① 这条鱼**有**三斤重。

② 你**有**一米八吗？

（二）用于比较

"主语＋有＋名词（短语）＋形容词（短语）"表示比较。例如：

① 这个教室**有**那个教室大。
② 汉语没**有**你说的那么难。

这种情况下，形容词前面常常出现"这么"、"那么"等指示代词。详细情况参见第八章第二节四（P.249）。

三、存现句

表示某个处所存在某人、某事物或有某人、某事物出现、消失的句子叫做存现句。例如：

① 桌子上有一本书。（表示存在）
② 家里来了一个客人。（表示出现）
③ 商店丢了两件衣服。（表示消失）

（一）存现句的主语

存现句的主语都是表示处所的词语，既可以是处所名词、方位词、处所代词，也可以是"名词＋方位词"等。例如：

① **门口**摆着几把椅子。
② **前面**来了几个人。
③ **那儿**曾经放着一堆书。

（二）存现句的谓语动词

存现句的谓语动词主要有三类，一类是表示事物存在方式的，像"坐、站、躺、蹲、跪、挤、围、刮、飘、开"等，这类动词常常带"着"，组成"主语＋动词＋着＋宾语"这样的句子。例如：

① 椅子上**坐**着一个人。
② 车里**挤**着十几个学生。

另一类是表示安放或处置的，像"放、挂、贴、架、排、刻、画、绣、立、晾、晒"等，这些动词也常带"着"，组成"主语＋动词＋着＋宾语"这样的句子。例如：

177

① 桌上**放**着一本词典。
② 墙上**挂**着几幅国画。

还有一类是表示出现或消失的，像"来、走、跑、掉、丢"等，这类动词常带"了"或趋向补语，组成"主语＋动词＋了/趋向补语＋宾语"这样的句子。例如：

① 我们班**来了**一个新同学。
② 你钱包里**掉出来**一块钱。

(三) 存现句的宾语

存现句的宾语一般为数量（名）。例如：

① 孩子手里拿着<u>一个玩具</u>。
② 8号楼住着<u>一位外国专家</u>。
③ 前一辆车掉下来<u>一包东西</u>。

练习

在下面句子中的括号内填上适当的宾语。

   1. 他家来了（　　　　　），不能来上课。
   2. 那个房间住着（　　　　　）
   3. 邮局前有（　　　　　）
   4. 桌子上放着（　　　　　）
   5. 天上飞过来（　　　　　）
   6. 石头上面刻着（　　　　　）
   7. 阳台上晾着（　　　　　）
   8. 那个书店丢了（　　　　　）
   9. 我们班昨天走了（　　　　　）
  10. 那件衬衫上绣着（　　　　　）

四、"在"字句

谓语中有"在+宾语"状语或补语的句子叫做"在"字句。例如：

① 大家**在学校食堂**吃饭。
② 他住**在外边**。

（一）"在+宾语"表示的意义

"在+宾语"表示的意义比较多，主要有以下几种。

1. "在+宾语"表示处所。例如：

① 中午**在哪儿**吃饭？
② 别把自行车放**在马路中间**！

2. "在+宾语"表示时间，一般放在谓语动词的后面。例如：

① 比赛定**在星期一上午**。
② 这事发生**在十年前**。

3. "在+宾语"表示范围或方面，宾语中常用方位词"上"、"中"、"里"、"以内"、"以下"等。例如：

① **在学习上**，他比我强。
② 体重要控制**在六十五公斤以下**。

4. "在+宾语"表示条件，宾语中经常用方位词"下"，而且后面常常用上逗号。例如：

① **在老师的帮助下**，他很快适应了这儿的生活。
② **在刘经理的领导下**，公司的管理水平有了很大的提高。

（二）"在+宾语"的位置

"在+宾语"表示处所，有时要放在谓语动词前，有时要放在谓语动词后。例如：

① 大家**在这儿**休息一会儿。（"在这儿"只能放在谓语动词前）

② 老师**在教室里**上课呢。（"在教室里"只能放在谓语动词前）
③ 书放**在书架上**。（"在书架上"只能放在谓语动词后）

1. "在＋宾语"放在谓语动词前

如果"在＋宾语"发生在谓语动词表示的行为动作之前，即先"在＋名词（短语）"，然后才发生谓语动词表示的行为动作，那么"在＋宾语"一般放在谓语动词前。例如：

① 我**在家**吃饭。（先在家，再吃饭。）
② 姐姐**在大学**上班。（先在大学，然后再上班。）

2. "在＋宾语"放在谓语动词后

如果谓语动词表示的行为动作发生在前，"在＋宾语"发生在后，"在＋宾语"是行为动作的结果，即通过行为动作人或物体最后到达或位于"宾语"表示的地方，"在＋宾语"一般放在谓语动词后。例如：

① 画挂**在墙上**。（先挂，然后画才在墙上。）
② 邮票贴**在信封上**。（先贴，然后邮票才在信封上。）

有时候，尽管"在＋宾语"发生在谓语动词表示的行为动作之后，是行为动作产生的结果，但是由于谓语动词带有动态助词或宾语、补语等，"在＋宾语"只能放在谓语动词前。例如：

① 钥匙**在你手里**拿着呢！
② 我**在信封上**贴了一张邮票。

例①的"拿"发生前，"在你手里"发生在后，即"先拿，钥匙才在你手里"，但由于"拿"后有动态助词"着"，所以"在你手里"只能放在"拿"前。例②的"贴"发生在前，"在信封上"发生在后，即"先贴，邮票才在信封上"，由于"贴"带有宾语"一张邮票"，"在信封上"也只能位于"贴"前。

练习

把下面的词语组成句子,注意"在+宾语"的位置。

1. 站 别 在 这儿 着

2. 安 这儿 灯 吧 在

3. 着 在 手里 笔 拿 你 呢

4. 要 在 把 里 钱包 一定 口袋 放 里面 的

5. 头上 帽子 别 把 在 戴

6. 扔 床上 衣服 不要 在 脏 把

7. 火车上 喜欢 我 不 在 吃饭

8. 自己 这儿 写上 的 请 名字 在

9. 沙发 看 怎么 你 躺 在 书 上 着

10. 银行 把 大家 里 都 存 钱 在

五、"给"字句

谓语中有"给+宾语"状语或补语的句子叫做"给"字句。例如:

① 最好把钱寄给他。

181

② 老师又**给大家**讲了一遍。

(一) "给+宾语"表示的意义

"给＋宾语"表示的意义很多，主要有以下几种。

1. "给＋宾语"表示传递或交付的接受者。例如：

① 到北京以后**给我**打个电话。
② 请把词典递**给我**。

2. 表示行为动作的受益者。例如：

① 姐姐**给我**做饭。
② 刘老师经常**给同学们**辅导汉字。

3. 表示对象或说话人的意志。例如：

① **给我**把门打开！
② 请把房间**给我们**收拾一下！

4. 表示行为动作发出者，"给"相当于"被"、"让"、"叫"。例如：

① 照相机**给弟弟**弄坏了。
② 窗户**给风**刮开了。

(二) "给+宾语"的位置

表示传递或交付的接受者的"给＋宾语"有时只能放在谓语动词前，有时则要放在谓语动词后面。例如：

① **给他**写封信吧。（"给他"只能在谓语动词前）
② 妈妈送**给我**一块手表。（"给我"只能在谓语动词后）

表示传递或交付的接受者的"给＋宾语"是位于谓语动词前，还是动词后，与谓语动词有直接的关系。

1. 放在谓语动词前

"给+宾语"只能出现在"写、沏、刻、炒、打（毛衣）、织"等表示"制作"意义动词和"买、娶、收、要、租（入）、偷、抢、骗、赢"等表示"取得"意义动词前面。例如：

① 我**给我女朋友写**过好几封信，她都没有回。
② 妈妈**给弟弟炒**了两个鸡蛋。
③ 他**给我买**了一个电子词典。

2. 放在谓语动词后

"给+宾语"一般出现在"送、卖、还、找（钱）、借（出）、租（出）、发、寄、扔、递、付、交、让、退、输、补、赠、传、汇、换、介绍、告诉、发放、归还、转告、赠送、转送"等具有"给予"意义动词后面。例如：

① 我**送给他**一本书。
② 把醋**递给我**。

有时也可以出现在这类动词前面，但是意义有所不同。试比较：

① 钱**给你还**了。
   钱**还给你**了。
② 信**给她寄**了。
   信**寄给她**了。

例①前一句的"给你"在谓语动词"还"前，表示行为动作的对象，即"替你还了钱"；后一句的"给你"在谓语动词后，表示交付的接受者，即"钱"通过"还"到了"你"手中。例②前一句的"给她"在谓语动词前，也表示行为动作的对象，即"替她寄了信"；后一句的"给她"在谓语动词后，表示交付的接受者，即"信"通过"寄"到了"她"手里。

不过，当谓语动词后有动态助词或宾语、补语时，"给+宾语"

要放在谓语动词前。例如：

① 弟弟给我发过邮件。

② 我去给哥哥汇一些钱。

例①谓语动词"发"带动态助词"过"和宾语"邮件"，"给我"只能放在"发"前。例②谓语动词"汇"后有宾语"一些钱"，"给哥哥"只能放在"汇"前。

判断括号中的"给+宾语"应该放在A、B哪个位置上。

1. 圣诞节家里A寄B来了很多礼物。（给我）
2. 晾在外边的衣服我A收回来B了。（给你）
3. 朋友在学校附近A租B了一间屋子。（给他）
4. 请把照片用邮件A发B。（给大家）
5. 这些零钱是那个商店A找B的。（给我们）
6. 把钥匙从窗户A扔B下来吧。（给我）
7. 只有一张票了，我A让B了。（给那个女孩）
8. 这本书不能A借B。（给任何人）
9. 英国政府把香港A归还B了。（给中国政府）
10. 我们绝对不会A输B！（给他们）

六、"把"字句

"（主语）＋把＋宾语＋动词＋其他成分"这样的句子叫做"把"字句。例如：

① 把电视放在桌子上。

② 请把手举起来。

(一)"把"字句的构成成分

1."把"的宾语

"把"的宾语一般是名词（短语）、代词，而且所指事物一般是已知的，即是听说双方都知道或了解的。例如：

① 大家把**她**送回家了。（听说双方都知道"她"是谁）
② 姐姐把**衣服**都洗了。（听说双方都知道"衣服"是什么衣服）

2."把"字句的谓语动词

"把"字句的谓语动词必须是及物动词，而且必须带上补语、动态助词等。例如：

① 你把钱**还给我**。
② 请把窗户**打开**。
③ 谁把我的词典**拿走了**？

⚠️ 注意

<1> "把"字句的谓语动词不能是单个儿动词。下面的说法都是错误的：

① *请把电视**关**。（请把电视**关掉**。）
② *老师把黑板**擦**。（老师把黑板**擦了**。）

<2> 带可能补语的动词短语不能做"把"字句的谓语。下面的说法都是错误的：

① *只要努力，大家把汉字**记得住**。（只要努力，大家能把汉字记住。）
② *今天晚上把作业**写得完**。（今天晚上能把作业写完。）

3."把"字句中状语的位置

"把"字句中状语的位置非常复杂，有的只能出现在"把"字前，有的只能出现在动词前，还有的出现在"把"字前和动词前都可以。例如：

① 老师说完**就**把黑板擦了。（"就"只能在"把"前）
② 把手**平**放在桌子上！（"平"只能在动词前）
③ 小刚把书还了，他**也**把书还了。（"也"在"把"前）
④ 他把DVD还了，把书**也**还了。（"也"在动词前）

"把"字句中状语的位置大致如下：
（1）一般情况下，状语位于"把"字前。例如：

① 大家**先**把教室打扫一下。
② 你**已经**把我忘了。
③ **别**把电视关了。
④ 你怎么能**为这点儿小事**把孩子打一顿呢？

（2）表示方向、路径或描写行为动作的状语一般放在谓语动词前。例如：

① 把门**往外**拉！
② 把箱子**从这儿**搬出去。
③ 谁把车**斜**停在这儿，真碍事！

⚠️ 注意

<1> 否定副词只能位于"把"前面。下面的说法都是错误的：

① *把窗户**不要**打开！（**不要**把窗户打开！）
② *把衣服**别**弄脏了。（**别**把衣服弄脏了。）
③ *他一个星期把作业**没**交给老师。（他一个星期**没**把作业交给老师。）

<2> 能愿动词应放在"把"前。下面的说法都是错误的：

① *大家把这些东西**可以**带走。（大家**可以**把这些东西带走。）
② *把邮票**应该**贴在信封的右上角。（**应该**把邮票贴在信封的右上角。）
③ 把书包**能**放在这儿吗？（**能**把书包放在这儿吗？）

(二)"把"字句的使用条件

使用"把"字句有两个条件，一个是语义条件，一个是语法条件。

1．语义条件

"把"字句一般是行为动作者对"把"的宾语所表示的事物施加一定的动作，使得该事物出现某种情况或结果。例如：

① 把桌子搬进去！
② 大家把书放回原来的地方。
③ 我把错的字都改过来了。

2．语法条件

有时候，受句子结构的影响，必须用"把"字句。

(1) 句子的主语是行为动作发出者，整个句子表示通过某种行为动作使事物到达某个处所，而且该事物和所到达的处所都出现时，一般要把表示事物的名词放在"把"后做宾语。例如：

① 他把**借的书**还回**图书馆**了。
② 大家把**行李**都放**宿舍里**了。

例①有主语"他"，有两个宾语"借的书"和"图书馆"，"图书馆"表示处所，是宾语"借的书"通过"还"这个动作到达的地方。例②有主语"大家"，有两个宾语"行李"和"宿舍里"，"宿舍里"表示处所，是"行李"通过"放"这个动作到达的地方。

(2) 句子的主语是行为动作发出者，谓语动词带"成"、"为"、"作"、"做"等做补语，如果还要带两个宾语，一般要用"把"字句。例如：

① 你怎么把衣服**弄成**这样了？
② 学校把我**培养为**一位知名的科学家。

(3) 句子的主语是行为动作发出者，谓语动词后面带介词短语补语，如果再带行为动作承受者宾语，一般要用"把"字句。例如：

① 我把**这本书**送给他吧。
② 你把**衣服**放在衣柜里。

(4) 句子的主语是行为动作发出者，谓语动词有宾语，而且还有表示宾语的情态的补语，一般也要用"把"字句。例如：

① 他把钱**看得太重**！
② 大家把事情**搞得太复杂了**！

练习

一、用"把"字句完成对话。

1. A：教室里怎么这么热呀？
   B：（　　　　　　　　　　）

2. A：大夫，我牙疼。
   B：（　　　　　　　　　　），让我看看。

3. A：苹果怎么没有了？
   B：（　　　　　　　　　　）

4. A：我的书包呢？
   B：（　　　　　　　　　　）

5. A：这儿不能停车，（　　　　　　　　　　）。
   B：好的，我这就推到那儿去。

6. A：昨天我看的那本书呢？
   B：（　　　　　　　　　　）

7. A：（　　　　　　　　　　），我喜欢吃醋。
   B：给你！里面只有一点儿。

8. A：昨天考试你怎么没来呀？
   B：（　　　　　　　　　　），我以为是今天考试呢！

9. A：下午有雨，（　　　　　　　　　　）
   B：我没有雨伞。

10. A：你把照相机放在哪儿了？
    B：（   ）

二、把下面的句子变成否定句。

1. 你把头抬起来！→
2. 大家把作业交给老师了。→
3. 那个孩子把足球拿走了。→
4. 把窗户关上！→
5. 弟弟把相机弄坏了。→
6. 把洗好的衣服晾出去！→
7. 妈妈把钱放在抽屉里了。→
8. 我们把这个问题弄清楚了。→
9. 明天把电脑带过来。→
10. 他把那瓶水喝完了。→

三、下面的句子是否正确，如不正确，请改正。

1. 我把饺子吃在食堂里。
2. 老师把教室里的灯开。
3. 走的时候，同学们把窗户没关上。
4. 大家把这么多东西吃不完。
5. 警察把一辆自行车找到了。
6. 请你不把这件事告诉他。
7. 今天作业不多，我们把作业做得完。
8. 上课的时候，他经常把我们笑了。
9. 这个星期有很多考试，把我累了。
10. 妈妈把弟弟睡觉了。

七、"被"字句

"(主语)＋被/叫/让＋(宾语)＋动词＋其他成分"这样的句子叫做"被"字句。例如：

① 衣服**被**雨淋湿了。

② 灯**叫**谁关了。
③ 他**让**别人骗了。

（一）"被"的宾语

"被"的宾语一般是名词（短语）、代词，可以是已知的，也可以是未知的，这一点与"把"字句不同。例如：

① 钱被**哥哥**花了。（"哥哥"是已知的）
② 词典被**人**拿走了。（"人"是未知的）
③ 自行车被**一个小伙子**骑走了。（"一个小伙子"是未知的）

<1> "被"和"叫"、"让"都表示被动，但是"被"的宾语可以省略，"叫"、"让"的宾语任何时候都不能省略。例如：

① 相机被（弟弟）弄坏了。
② 相机叫弟弟弄坏了。
③ 相机让弟弟弄坏了。

<2> "叫"、"让"一般用于口语，"被"可以用于口语，也可以用于书面语。

（二）"被"字句的谓语动词

"被"字句的谓语动词必须是及物动词，而且动词必须带上补语或动态助词等。例如：

① 窗户玻璃被孩子**打破了**。
② 黑板上的字让谁**擦了**。

<1> "被"字句的谓语动词不能是光杆动词。下面的说法都是错误的：

① *弟弟让人**打**。（弟弟让人**打了**。）

② *这个字好像被**改**。（这个字好像被**改过**。）

<2> 带可能补语的动词短语不能做"被"字句的谓语。下面的说法都是错误的：

① *这些啤酒被我**喝得完**。（这些啤酒能被我喝完。）
② *衣服被他**洗不干净**。（衣服他洗不干净。）

（三）"被"字句中状语的位置

"被"字句中状语的位置也比较复杂，有的只能出现在"被"字前，有的只能出现在动词前，还有的出现在"被"字前和动词前都可以。例如：

① 小偷一进屋**就**被大家发现了。（"就"只能在"被"前）
② 他让老师**狠狠**批评了一顿。（"狠狠"只能在动词前）
③ 钱**早**被他花光了。（"早"在"被"前）
④ 钱被他**早**花光了。（"早"在动词前）

"被"字句中状语的位置大致如下。

（1）一般情况下，状语位于"被"字前。例如：

① 这辆自行车**曾经**被人偷去过一次。
② 词典**好像**让那个人拿走了。
③ **不要**被困难吓倒！

（2）表示方向、处所或描写行为动作的状语一般放在谓语动词前。例如：

① 孩子被他**往后**推了一把，所以摔倒了。
② 自行车让人**在宿舍楼前**偷走了。
③ 学习上遇到的问题被同学们**一一**解决了。

<1> 否定副词只能位于"被"字前面。下面的说法都是错误的：

① *这些东西被别人**没**发现。（这些东西**没**被别人发现。）

② *叫妈妈**别**看见了！（**别**叫妈妈看见了！）

<2> 能愿动词也只能位于"被"字前面。下面的说法都是错误的：

① *那孩子被人**可能**骗了。（那孩子**可能**被人骗了。）

② *他被困难**会**吓倒的。（他**会**被困难吓倒的。）

练习

一、把下面的词语组成句子。

1. 学校　建议　被　了　同学们　接受　的

2. 拿　被　地图　了　可能　去　弟弟

3. 不　吓住　我们　会　那个人　被　的

4. 让　气球　弄破　全　了　孩子们

5. 大口子　被　一道　拉　了　刀　衣服

6. 没　他　差点儿　我　气　被　死

7. 冻　湖里　了　的　都　水　被　住

8. 饺子　吃完　他　让　就　那么　一天　多　了

9. 台风　吹　大树　被　得　东倒西歪

10. 可能　早　光　电影票　被　卖　了

　　_____

二、仿照例子，把下面的句子变成"被"字句。

　　例：杯子打破了。→杯子被打破了。

　　1. 衣服我洗干净了。→
　　2. 书的封皮撕破了。→
　　3. 啤酒大家都喝了。→
　　4. 那件事我早忘了。→
　　5. 昨天喝酒喝醉了的事弟弟说出去了。→
　　6. 哥哥修好了打印机。→
　　7. 房间的钥匙落在教室里了。→
　　8. 那箱子书送给别人了。→
　　9. 谁打开了这个包裹。→
　　10. 台风刮倒了一些大树。→

三、用"被"、"叫"、"让"填空。

　　1. 足球（　　　　）踢坏了。
　　2. 铅笔（　　　　）谁拿走了。
　　3. 椅子（　　　　）人搬回家了。
　　4. 钥匙（　　　　）锁在房间里了。
　　5. 玻璃全（　　　　）吹掉了。
　　6. 自行车一会儿就（　　　　）师傅修好了。
　　7. 鱼（　　　　）吃光了。
　　8. 袜子（　　　　）我扔了。
　　9. 花（　　　　）冻死了。
　　10. 孩子的手（　　　　）车门夹了一下。

八、半截话

　　所谓半截话，是指说话人在说话时故意只说出句子的一部分，以便收到特殊的表达效果。例如：

① 听你的话，**你好像**……
② **我是说**……，怎么说呢？
③ 我把你这个小东西……！

半截话可以从形式上分为两种，一种是形式不固定的半截话，一种是形式较为固定的半截话，由于形式比较固定，因此也可以称做半截话格式。

（一）形式不固定的半截话

口语中说话人有时不把话说完，只说出一句话前面的一部分。例如：

① "这个，**我看**……"王工支支吾吾地说。
② 明儿连您孙子娶，娶媳妇钱都攒齐了不是？**您好**……

例①"我看……"是说"我看你还是找别人"等，其中的"你还是找别人"等说话人并没说出来，因此是个半截话。例②"您好……"是说"您好精明"或"您好会算计"等，"您好"后面的"精明"或"会算计"等也同样没有说出来，所以也是半截话。这种半截话口语中用得很多，可以根据不同的时间、地点、对象等进行使用，形成文字以后，没有说出的部分一般用省略号或破折号代替，起着提示的作用。

（二）半截话格式

口语中还有一些半截话，它们经常由某些词语组成，形成形式比较固定的半截话格式。这样的半截话格式很多，主要有如下几类。

1. "（你）＋看/瞧＋名词/代词＋动词/形容词＋得"。例如：

① 你看孩子哭得！
② 瞧你气得！

有时候，"看"、"瞧"还可以重叠，例如：

① 你看看你累得！
② 你瞧瞧孩子哭得！

这类半截话其实是省略了"得"字后的情态补语，都含有责怪或埋怨的语气，表示对某种情况的不满。此外，还带有夸张的色彩。它们一般用于陈述现在或过去发生的事情或出现的情况，可以用于发话，但是不能用来回答问题。

2."(名词/代词)＋动词/形容词＋得＋名词/代词＋哟"。例如：

① 那天急得他们哟！
② 气得我哟！

3."(名词/代词)＋动词/形容词＋得＋哟"。例如：

① 他气得哟！
② 作业做得哟！

4."(你)＋看/瞧＋(名词/代词)＋把＋名词/代词＋动词/形容词＋得"。例如：

① **你瞧**你把他们累得！
② **看**把他急得！

5."(名词/代词)＋把＋名词/代词＋动词/形容词＋得＋(哟)"。例如：

① 那天把妈妈急得（哟）！
② 把她打得（哟）！

6."名词/代词＋被＋(名词/代词)＋动词＋得＋哟"。例如：

① 房子被震得哟！
② 老刘被吓得哟！

7."(你)＋看/瞧＋(名词/代词)＋被＋(名词/代词)＋动词＋得"。例如：

① **你看**屋子被孩子弄得！
② **看**被水淹得！

第六章

复 句

由两个或两个以上的分句组成的、表达一个完整的意思的句子叫做复句。汉语的复句可以根据分句和分句之间的语法关系分为联合复句和偏正复句两类。

第一节 联合复句

联合复句各个分句是平等的，没有主次之别。这种复句又可以根据分句之间的意义关系分为如下几类：

	类别	例句
联合复句	并列复句	哥哥高，弟弟矮。/老师一边讲，一边在黑板上写字。
	承接复句	咱们先吃饭，然后再讨论。/做完作业，你们就可以玩了。
	递进复句	昨天冷，今天更冷。/豆腐不仅好吃，还很便宜。
	选择复句	咱们或者吃饺子，或者吃包子。/大家要么去上海，要么去北京。

一、并列复句

(一) 并列复句

并列复句的各分句是并列关系,它们分别叙述、说明几种情况等。例如:

① 这件衣服**又**便宜,**又**好看。
② 大家**一边**唱,**一边**跳。
③ 那个学生**不是**迟到,**就是**不来上课。

(二) 并列复句中关联词语的搭配情况

并列复句中经常使用一些关联词语,常用的有"一边、不是、就是、既、也、还、又"等,这些关联词语的搭配情况如下表:

前面的分句	后面的分句	例句
……	也……	我喜欢这个,**也**喜欢那个。
……	还……	爸爸去过中国,**还**去过韩国。
又……	又……	烤鸭**又**好吃,**又**不贵。
一边……	一边……	大家**一边**吃,**一边**谈吧!
不是……	就是……	这个星期**不是**刮风,**就是**下雨。
既……	又……	他们**既**要学习,**又**要打工。

二、承接复句

(一) 承接复句

承接复句的各分句依次叙述连续或相继发生的几个动作或几种情况等,各个分句的顺序不能颠倒。例如:

① 你**先**去,我一会儿**就**来。
② 大家快吃饭,吃了饭我们**就**走。
③ **首先**我们讨论做什么,**其次**讨论什么时候做,**最后**再讨论怎么做。

(二) 承接复句中关联词语的搭配情况

承接复句前面的分句中常有"先、首先、一"等副词,后面的分句中常用"就、便、再、然后、于是"等副词或连词,这些关联词语的搭配情况如下表:

前面的分句	后面的分句	例句
……	就……	雨停了,我们**就**出发。
一……	就……	老师**一**讲,同学们**就**明白了。
先……	再……	你**先**吃,我一会儿**再**吃。
……	于是……	昨天路过故宫,**于是**就买张票进去看了看。
……	然后……	我去上海待三天,**然后**去杭州。
首先……	其次……,最后……	**首先**我讲一下明天的安排,**其次**讲一下应注意的事项,**最后**请同学们提建议。

关联副词"就"不能位于主语前面,只能位于主语后面。下面的说法都是错误的:

① *学完第五课,**就**我们考试。(学完第五课,我们**就**考试。)
② *洗完衣服,**就**妈妈开始做饭。(洗完衣服,妈妈**就**开始做饭。)

三、递进复句

(一) 递进复句

递进复句后面的分句表示的意思比前面的程度更高或更重要。
例如:

① 李老师**不但**会说英语,**还**会说法语。
② 今天热,明天比今天**还**热。
③ 你不想去,我**更**不想去。

（二）递进复句中关联词语的搭配情况

递进复句前面的分句中常出现"不但、不仅"等连词，后面的分句中经常有"而且、并且、还、更、甚至"等连词或副词，这些关联词语的搭配情况如下表：

前面的分句	后面的分句	例句
不但/不仅……	而且/并且……	这个学校学费**不但**便宜，**而且**离我家很近。 他**不仅**会游泳，**并且**游得很好。
……	还……	这个菜很好吃，**还**不贵。
……	更……	这儿冬季雨很多，夏季雨**更**多。
……	甚至……	刚学汉语的时候我什么都不会说，**甚至**连"你好"都说不好。

注意

<1> 如果前后两个分句的主语不同，"不但"、"不仅"位于主语前、后都可以。例如：

① **不但**学费不贵，**而且**校园很漂亮。
　学费**不但**不贵，**而且**校园很漂亮。
② **不仅**字写得很漂亮，**并且**画儿也画得不错。
　字**不仅**写得很漂亮，**并且**画儿也画得不错。

<2> 前后两个分句的主语相同时，"不但"、"不仅"一般位于主语后。例如：

① 烤鸭**不但**好吃，**而且**还不贵。
② 汉字**不仅**难写，**并且**难记。

四、选择复句

（一）选择复句

选择复句的几个分句分别叙述不同的事情或情况，要求做出选择。

例如：

① **要么**今天考，**要么**明天考。
② 你**是**美国人，**还是**英国人？

(二) 选择复句中关联词语的搭配情况

选择复句中常见的关联词语有"或（者）、要么、还是"等，这些关联词语的搭配情况如下表：

前面的分句	后面的分句	例句
或（者）……	或（者）……	**或**（者）明天考，**或**（者）后天考。
要么……	要么……	**要么**你去，**要么**我去。
（是）……	还是……	（**是**）去上海，**还是**去北京？

注意

"或(者)……或（者）……"、"要么……要么……"只能用于陈述句，不能用于疑问句；"是……还是……"一般用于疑问句。下面的说法都是错误的：

① *你**或者**去上海，**或者**去北京？（你去上海，**还是**去北京？）
② *我们吃包子，**还是**吃饺子。（我们吃包子，**或者**吃饺子。）

第二节　偏正复句

组成复句的各分句表达的意义有主次之分，这样的复句叫做偏正复句。偏正复句中表达主要意思的是主句，表达次要意思的是偏句。一般情况下，偏句在前，主句在后。

偏正复句可以按照分句意义上的关系进一步分为如下几类：

	类别	例句
偏正复句	因果复句	**因为**汉语有意思，**所以**我学汉语。/**既然**来了，**就**要好好学习。
	条件复句	**只有**多说，口语**才**能提高。/**只要**你去，我**就**去。
	假设复句	**如果**不复习，肯定考不好。/**要是**有事，可以请假。
	转折复句	今天**虽然**很热，**但**有些风。/烤鸭好吃，**可是**有点儿腻。
	目的复句	**为了**省钱，我住在朋友家。/给家里打个电话吧，**以免**家人担心。
	让步复句	**即使**你不去，我**也**要去。/**就是**再贵，我**也**要买。
	取舍复句	我**宁可**不去，**也不**跟他去。/**与其**待在家里，**不如**出去玩玩。

一、因果复句

（一）因果复句

偏句表示原因，主句表示结果。偏句中多用"因为、由于、既然"等，主句中常用"所以、因此、就"等。例如：

① **因为**天气不好，**所以**比赛取消了。
② **既然**她不想去，**那就**别勉强她了。

"因为……，所以……"这样的因果复句有时也可以主句在前，偏句在后，不过主句在前时，主句中不能用"所以"。例如：

① 我不想去，**因为**我已经去过了。
② 她没有去旅游，**因为**没有钱。

这种情况下，有时也用"是"把两个分句连接起来，形成"……是因为……"这样的句子。例如：

① 没考好**是因为**她没有好好复习。
② 昨天没来上课**是因为**我以为没有课。

因果复句"因为……，所以/因此……"中的"因为"有时也可以省略。例如：

① 我们都学过汉语，**所以**都会说。
② 今天太冷，**因此**我不想去打球。

（二）因果复句中关联词语的搭配情况

因果复句中常见的关联词语的搭配情况如下表：

偏句	主句	例句
（因为）……	所以/因此……	（因为）昨天迟到了，所以老师批评了他。 （因为）没复习，因此没考好。
由于……	……	由于今天时间不够，只好明天再接着讨论。
既然……	就……	既然大家都不想去，那就算了。

二、条件复句

（一）条件复句

条件复句的偏句表示条件，主句表示结果。偏句中常用"只有、只要、除非、不管、无论、不论"等连词，主句中多用"就、才、都"等副词。例如：

① **只有**努力，**才**能学好汉语。
② **只要**努力，**就**能学好汉语。
③ **不管**明天天气怎么样，比赛**都**照常进行。

（二）条件复句中关联词语的搭配情况

条件复句中常见的关联词语的搭配情况如下表：

偏句	主句	例句
只有……	才……	只有努力学习，才能把汉语学好。
只要……	就……	只要学习四年，就能把汉语学好。
除非……	否则/要不……	除非他问我，否则/要不我不会告诉他。
不管……	都……	不管怎么样，今天都得完成。
无论……	都……	无论什么时候，都不能给父母丢脸。
不论……	都……	不论下不下雨，明天都得去。

注意

<1>"只有"表示唯一条件,即没有这个条件不行;"只要"表示充分条件,即有这个条件就足够了。例如:

① **只有**你去,我**才**去。("你去"是"我去"的唯一条件,意思为:你去,我就去;你不去,我也不去。)

② **只要**你去,我**就**去。("你去"是"我去"的充分条件,即除了"你去"这个条件外,不排除其他条件。)

<2>"不管"、"无论"、"不论"所在句子必须有疑问代词或疑问副词,或者是"动词+不/没(有)+动词"、"形容词+不+形容词"、"(是)……还是……"等。下面的说法都是错误的:

① *不管下雨,我都要去。(不管**下不下雨**,我都要去。)
② *无论天气很热,他都跑步。(无论天气**热不热**,他都跑步。)
③ *不论下雪,她都坚持锻炼。(不论**刮风还是下雪**,她都坚持锻炼。)

"不管"既可以用于口语,也可以用于书面语;"无论"、"不论"多用于书面语。

三、假设复句

(一) 假设复句

偏句提出假设,主句说明在此假设下出现的结果或得出的结论。偏句中常用"如果、要是、假如、倘若"等连词,主句中多用"就、那"等。例如:

① **如果**天气好,明天**就**去郊游。
② **要是**有时间,咱们**就**去长城看看。

口语中,"如果、要是、假如"等连词所在的分句后面常出现

"的话"。例如：

① 如果明天不上课**的话**，我就陪你买词典。
② 要是累**的话**，我们就歇会儿。

假设复句也可以主句在前，偏句在后。例如：

① 明天去郊游，**如果**天气好**的话**。
② 咱们去长城看看，**要是**有时间**的话**。

主句在前时，有突出或强调主句的意思。

(二) 假设复句中关联词语的搭配情况

假设复句中常见的关联词语的搭配情况如下表：

偏句	主句	例句
如果……	就……	如果明年有时间，我**就**去中国留学。
要是……	就……	要是太贵了，那**就**算了。
假如……	那……	假如大家都想去，**那**你怎么办？
倘若……	就……	倘若衣服便宜，**就**给我买一件。

四、转折复句

(一) 转折复句

偏句指出一种情况，主句则提出一种与按照该情况产生的正常结果相反的结果。偏句中常有"虽然"等连词，主句中多用"但是、可是、不过、就是、只是、倒、却、否则、不然"等连词或副词。例如：

① **虽然**今天天气不好，**但是**并不冷。
② 我们学过一年汉语，**可是**说得不太好。

(二) 转折复句中关联词语的搭配情况

转折复句中常见的关联词语的搭配情况如下表：

偏句	主句	例句
虽然……	但是/可是……	**虽然**我们是一个学校，**但是/可是**我不认识他。
……	不过……	这件衣服有些贵，**不过**样式不错。
……	就是……	弟弟什么都好，**就是**学习不用功。
……	只是……	你的汉语学得不错，**只是**发音还不够准。
……	倒……	别人都紧张得不得了，你**倒**挺轻松的。
……	却……	他们是邻居，**却**从来不来往。
……	否则……	今天没带钱，**否则**今天就买了。
……	不然……	给家里发个邮件吧，**不然**父母该着急了。

五、目的复句

（一）目的复句

偏句表示行为动作要达到的目的，主句表示行为动作。偏句中常常有"以便、以免、免得、省得"等。例如：

① 你最好给家里打个电话，**以免**家人担心。
② 带上伞，**免得**下雨把衣服淋湿了。

（二）目的复句中关联词语的搭配情况

目的复句中常见的关联词语的搭配情况如下表：

偏句	主句	例句
以便……	……	早点儿走，**以便**赶上第一趟班车。
以免……	……	别把杯子放在这儿，**以免**被猫弄到地上打碎了。
免得……	……	自己开车去吧，**免得**挤车。
省得……	……	走的时候带着伞，**省得**下雨淋湿了衣服。

六、让步复句

（一）让步复句

偏句承认某种情况，做出让步，主句则指出一种相反的结果。偏句中多用"即使、就是、就算、哪怕、尽管、即便"等连词，主句中常有"也"等副词。例如：

① **即使**明天下大雨，大家**也**要去爬山。
② **就是**你们都不告诉我，我**也**会弄清楚。
③ **尽管**学过一个月汉语，**可是**她一句都说不出来。

（二）让步复句中关联词语的搭配情况

让步复句中常见的关联词语的搭配情况如下表：

偏句	主句	例句
即使……	也……	即使你不去，我也要去。
就是……	也……	就是家里不同意，我也要和她结婚。
就算……	也……	就算她错了，你也不应该骂她。
哪怕……	也……	哪怕明天下雪，比赛也不能推迟。
尽管……	……	尽管天气不太好，比赛还是照常进行。
即便……	也……	即便大家都来，这么多饭也够吃。

七、取舍复句

（一）取舍复句

偏句表示一种比较极端的选择情况，主句表示说话人已经决定的选择；或偏句、主句表示两种不同的选择，说话人倾向于主句表示的选择。偏句中多用"宁可、宁愿、与其"等连词，主句中多用"也、不如"等副词或连词。例如：

① **宁可**扔了，**也**不给你。
② **与其**求别人帮忙，**不如**自己动手。

（二）取舍复句中关联词语的搭配情况

取舍复句中常见的关联词语的搭配情况如下表：

偏句	主句	例句
宁可……	也……	我宁可不去，也不跟你一起去。
宁愿……	也……	宁愿多花点儿钱，也要把它买到手。
与其……	不如……	与其今天买，不如明天买。

练习

一、在下面句子中的括号内填上适当的关联词语。

1. 你先走，我马上（　　　　）到。
2. （　　　　）他把上次借的钱还给我，否则我不会再借给他钱。
3. 你去，（　　　　）他去？
4. （　　　　）不吃饭，大家也要把这些活干完。
5. 宁可打单身，（　　　　）不跟这样的人结婚。
6. 骑自行车去吧，（　　　　）回来的时候堵车。
7. （　　　　）去不去，都得告诉老师一声。
8. 既然已经来了，那（　　　　）好好学习吧！
9. 还是复习复习吧，（　　　　）期末考试考不好。
10. （　　　　）住在宾馆，也不住在他家。

二、完成下面的复句。

1. 早点儿回去吧，（　　　　　　　　　　　　　　　）
2. 抽烟不仅危害自己的身体健康，（　　　　　　　　　）
3. （　　　　　　　　　　　　），联系就方便了。
4. （　　　　　　　　　　　　），但是我全忘了。
5. （　　　　　　　　　　　　），那就算了吧。
6. （　　　　　　　　　　　　），她还是不同意。
7. 我会陪我妈去长城看看，（　　　　　　　　　　　）
8. （　　　　　　　　　　　　），明年还可以再去。
9. 除非你请我去，（　　　　　　　　　　　　　　　）
10. （　　　　　　　　　　　　），他都在图书馆学习。

三、下面的复句是否正确，如不正确，请改正。

1. 不仅今天很热，而且没有风。
2. 因为我们已经来了，那就再等一会儿吧。
3. 不管明天考试，晚上我都去看电影。

4. 不论好吃或者不好吃，都要吃一点儿。
5. 他起床晚了，于是就没来上课。
6. 那个学生不是迟到，还是不来上课。
7. 学校一放假，就我们去长城。
8. 昨天刮大风，于是没骑自行车。
9. 吃包子，或者吃饺子？
10. 他不去旅游因为没有钱。

第三节　紧缩复句

一、紧缩复句

紧缩复句是指形式上是一个句子，实际上表达的是复句的内容。例如：

① 不复习就考不好。
② 再难也要坚持学下去。

例①的"不复习就考不好"是一个句子，但是意思相当于"如果不复习，就考不好"，显然表达的是假设复句表达的内容；例②的"再难也要坚持学下去"也是一个句子，而意思相当于"即使再难，也要坚持学下去"，表达的是让步复句表达的内容。

二、紧缩复句类型

紧缩复句非常多，有的有关联词语，有的没有关联词语。常见的紧缩复句主要如下。

（一）"一＋动词（短语）/形容词（短语）＋就＋动词（短语）/形容词（短语）"。例如：

① 弟弟**一**回家**就**开始做作业。

② 春节一**过就**暖和了。

"一＋动词（短语）/形容词（短语）＋就＋动词（短语）/形容词（短语）"表示第一个行为动作或性质发生以后就立即出现第二个行为动作或性质。

(二)"再＋动词（短语）/形容词（短语）＋也＋动词（短语）/形容词（短语）"。例如：

① 他的身体很好，**再**热**也**不怕。
② 这个商店的东西质量有问题，**再**便宜**也**不买。

"再＋动词（短语）/形容词（短语）＋也＋动词（短语）/形容词（短语）"表示"即使……，也……"的意思，即表示的是让步转折关系。例①的"再热也不怕"意思为"即使再热，也不怕"，例②的"再便宜也不买"意思相当于"即使再便宜，也不买"。

(三)"(主语)＋动词（短语）＋就＋动词（短语）"。例如：

① 不愿意说**就**算了。
② 怕累**就**别来。
③ 咱们问一下老师**就**知道了。

"(主语)＋动词(短语)＋就＋动词（短语）"表示多种意思，一般情况下表示"如果……，就……"的意思。例①的"不愿意说就算了"表示"如果不愿意说，就算了"，例②的"怕累就别来"意思相当于"如果怕累，就别来"。

有些表示"只要……，就……"的意思。例③的"咱们问一下老师就知道了"意思相当于"咱们只要问一下老师，就知道了"。

(四)"(主语)＋不/没有＋动词（短语）＋也＋动词（短语）"。例如：

① **没**有钱**也**要去。
② 你**不**喜欢**也**没办法。

例①、②意思相当于"即使没有钱，也要去"，"即使你不喜欢，也没办法"，表示的都是假设让步关系。

(五)"(主语)＋不＋动词(短语)/形容词＋不＋动词(短语)"。例如：

① **不**看**不**知道。

② 包子**不**好吃**不**要钱。

例①、②意思分别为"如果不看，就不知道"，"包子如果不好吃，就不要钱"，表达的都是假设复句表达的内容。

完成下面的紧缩复句。

1. 她一考试（   ）
2. 这件衣服再贵（   ）
3. 不想去（   ）
4. 没看过（   ）
5. 不吃（   ），原来烤鸭这么好吃。
6. 不试（   ），试了以后才知道包饺子这么麻烦。
7. 老师一讲（   ）
8. 没有时间（   ）
9. 我的西瓜特别甜，不甜（   ）
10. 怕苦（   ），学了就要认真点儿！

第四节 复句中关联词语的位置

一、连词的位置

复句中的关联词语有两种，一种是连词，一种是副词。连词在复句中的位置比较复杂，有的只能出现在主语前，有的只能出现在主语后，有的出现在主语前、后都可以。例如：

① **要么**你去，**要么**我去。（"要么"只能出现在主语前）
　咱们**要么**吃饺子，**要么**吃包子。（"要么"只能出现在主语后）
② 火车票**虽然**不贵，**但是**不好买。（"虽然"出现在主语后）
　虽然火车票不贵，**但是**不好买。（"虽然"出现在主语前）

连词在句中的位置参见第二章第三节二（P.74）。

二、副词的位置

复句中常见的副词主要有"也、就、便、都、却、倒、才"等，这些副词只能出现在主句主语后面。例如：

① 即使再学一年，我**也**要把汉语学到手。
② 你不知道，我们**就**更不知道了。
③ 只有团结起来，大家**才**能战胜现在的困难。

练习

判断括号中的关联词语应该放在A、B哪个位置上。

1．A天气B不好，那就别去了。（既然）
2．A这次B要去昆明，还要去上海。（不仅）
3．A你们B都不选这门课，我也要选。（即使）
4．A这儿的西瓜B个儿大，而且特别甜。（不但）
5．A周末B怎么忙，我都要去父母家看看。（不管）
6．A大家B都在这儿等着，不如去找找。（与其）
7．去之前最好打个电话，A家里B没有人。（免得）
8．A大家B都不同意，否则计划不会改变。（除非）
9．A期末考试B提前一个月进行，我们就可以回去过圣诞节。（假如）
10．平时周末都没有事，A这个周末B公司要加班。（只是）

第七章

篇　　章

第一节　篇章的基本结构关系

由若干分句或一系列分句组成的，表达一个完整意思的话语或文章就是篇章。篇章可以是文章或会话，也可以是独白。可以很长，也可以很短。

汉语篇章的基本结构关系主要有三种：分合关系、递进关系、并列关系。

一、分合关系

所谓分合关系，是指篇章先对情况加以概括或总结，然后叙述或讨论具体情况；也可以是先叙述或讨论具体情况，然后再加以概括或总结。例如：

① 尊者在前，卑者在后，不尊不卑者居中，各得其所。文章的排列顺序一律遵循梁山好汉排座次的办法。

② 中国菜由于各菜系的不同，侧重点也不同。川菜的最大特点是擅长调味，"一菜一味，百菜百味"。鲁菜擅长河鲜、海鲜的烹制，且以做汤闻名。粤菜以食物广泛而著称，上至飞禽，下至走兽，无所不做，无所不吃，虫、蛇、鼠、猴，都可以入食。

淮扬菜注重火工和造型，讲究原汤原味，口味以清淡见称。

例①的"尊者在前……各得其所"叙述的是具体情况，"文章的排列顺序一律遵循梁山好汉排座次的办法"是概括性的说明，具体情况在前，概括情况在后。

例②的"中国菜由于各菜系的不同，侧重点也不同。"是概括性的说明，"川菜的最大特点是擅长调味……口味以清淡见称"是具体说明。概括性说明在前，具体说明在后。

二、递进关系

　　所谓递进关系，是指篇章以时间先后或推理起止为顺序来组织话语。例如：

① 王姐让我进屋，端茶、送葵花籽，寒暄一番。我憋不住了："快说，谁托你调换工作？帮我办办。"

② 首先的因素是，多年来，经济增长和社会发展不相协调，特别是教育、医疗、就业、住房、社会保障的改革和发展严重滞后，造成群众收入预期不稳，支出预期增加。
原因之二：城乡和区域发展失衡，收入差距扩大，投向西部的资金又流向东部，而城市的繁荣依靠的是农村的衰退和边缘化。
第三个原因是：张曙光的话说得较重，"是内外政策的扭曲"，包括投资政策、税收政策、金融政策。

例①按照时间发生的顺序叙述事情发生的过程，分句出现的先后顺序以谓语动词表示的行为动作发生的先后为依据。例②按照推理起止来组织篇章。

三、并列关系

　　并列关系是指篇章叙述的情况在地位上是平等的。例如：

① 山区一家人坐在一起吃饭的时候，都要请家中老人先动筷子。

而在城市人家里，一桌菜摆好以后，总是孩子先下筷子。

②我们买了便宜菜，就用东西盖住，急忙回家。买了鱼或肉，就慢慢走，碰上邻居，还主动说："几斤鱼，几斤肉，就花了好几十块钱。"

例①的"山区一家人坐在一起吃饭的时候，都要请家中老人先动筷子"和"而在城市人家里……总是孩子先下筷子"叙述的是两种情况，这两种情况相提并论。例②的"我们买了便宜菜，就用东西盖住，急忙回家。"和"买了鱼或肉……还主动说：'几斤鱼，几斤肉，就花了好几十块钱。'"叙述的也是两种情况，这两种情况形成对比。

练习

给下面的句子排序，组成一个篇章。
（一）1. 更重要的是增强了我拼搏的信心和力量
    2. 使我的大腿得到了恢复
    3. 那次比赛不仅锻炼了我的身体
（二）1. 顿时一股悔恨的泪水涌出我的眼眶
    2. 发现书包淋湿了
    3. 接过书包
    4. 而他全身上下却都是湿漉漉的了
    5. 我跑过去
（三）1. 我知道这是爸爸的杰作
    2. 我来到阳台
    3. 我捂着鼻子直打转
    4. 一股难闻的气味扑鼻而来
    5. 并冲着爸爸做了个鬼脸
    6. 打开洗衣机

（四）1. 因为只要老师一声令下
　　 2. 我很喜欢当别人的老师
　　 3. 有谁敢不听老师的？

（五）1. 我叫表妹把下面两道题做出来
　　 2. 全部做对了
　　 3. 于是表妹用草稿纸做了出来
　　 4. 我仔细检查了一遍

（六）1. 一双脚常冻得通红发烂
　　 2. 过去她连一双真正的鞋都没有
　　 3. 常常赤着脚干活走路
　　 4. 特别是冬天
　　 5. 不管是夏天还是冬天

（七）1. 因为您和妈妈吵架时
　　 2. 但我又十分可怜妈妈
　　 3. 还不能哭
　　 4. 我害怕极了
　　 5. 妈妈除了不能还口之外

（八）1. 而且还要有渊博的知识和阅历
　　 2. 做到吐词清楚
　　 3. 首先要有一口流利标准的普通话
　　 4. 做一名优秀的主持人

（九）1. 有时候的心情
　　 2. 她常常会拿出自己以前的相片
　　 3. 就像丢了一件宝贵的东西一样难过
　　 4. 不断地与现在的相片对比

（十）1. 把饺子皮周边捏紧，不漏缝
　　 2. 再把肉馅放进去
　　 3. 接下来，第二项就是包饺子
　　 4. 我先把饺子皮的周边涂上水

第二节 篇章连接手段

篇章中分句的衔接方法很多,主要有关联词语、代词、副词、时间连接成分、逻辑联系词语、省略、替代等。

一、关联词语

关联词语不仅可以把分句联系在一起,而且可以把分句和句段,句段和句段等联系在一起,因此关联词语是篇章连接的主要手段之一。例如:

① 陈礼强东奔西走,看中了一套50平方米、40万元的新房。**于是**,他决定首期付款20万元,余下的20万元向银行申请公积金贷款,分10年还清。

② 2007年,北京的一家信息公司受国家统计局委托,在全国71个城市进行了大规模的服装调查,结果表明,"价格便宜"是我国城市居民购买服装时的第一因素。

但是,在北京、天津、上海这三大城市中,第一因素却呈现出巨大的差异。

例①的"于是"把"陈礼强东奔西走,看中了一套50平方米、40万元的新房。"和"他决定首期付款20万元……分10年还清"联系在一起,组成一个句群。

例②的"但是"把"2007年……'价格便宜'是我国城市居民购买服装时的第一因素。"和"在北京、天津、上海这三大城市中,第一因素却呈现出巨大的差异。"联系在一起,共同组成一个句段。

在下面句子中的括号内填上适当的关联词语。

1. 你今天的行为非常不对,别人写得(　　)好,也不能抄呀,只能多看看作文书。

2. 该二表姐端面了,只见她略加思索以后,拿起筷子,插在面上,将一团面高高地挑起,(　　)再端起碗,飞快地跑到桌前。

3. (　　)他一下子闯进去说出真相,在心里面他觉得对不起张家这一家人,毕竟张家是无辜的。

4. "智力测验"在一片欢声笑语中结束了,它不仅锻炼了我们的智慧与能力,(　　)增进了一家人的感情。

5. 虽然今天没有钓到大鱼,但我很高兴,(　　)这次钓鱼使我明白了一个道理:(　　)做什么事情都不能一心二用!

6. (　　)展开鲜红的纸,用裁纸刀把它裁成长方形,做国旗的旗面。接下来,就是做金黄色的五角星。

7. 我听姑姑说去挖花生,顿时兴奋起来了。(　　),我对姑姑说:"我要去,带我去嘛!"

8. 一会儿香喷喷的饺子端上桌来,不要说十个,(　　)二十个三十个我也能一口气吃完。

9. 到了教室门口,他用力地拖着拖把,向前一直拖,拖到楼梯口,(　　)掉头拖另一个地方。

10. 那双鞋虽然很土气,但还是很暖和的,(　　)鞋上的一针一线都缝进了妈妈身上的温暖,行行针脚都充满了妈妈的爱。

二、代词

代词不仅起着替代的作用,而且在篇章构成中也起着连接的作用。汉语话题链和话题链之间趋向于用代词连接。例如:

① **郎平**退役后，定居美国，1995年2月，出任中国女排主教练。**她**承认，现在的中国女排老队员多，新手少，在世界排坛上，只能算是一支"二流队伍"。

② **小李**读的书多，心理学方面的也没少浏览过，尤其是《爱情心理学》什么的。**他**知道恋爱是一门艺术，这事儿得慢慢来，要等机会。

例①的"郎平退役后……出任中国女排主教练"是一个话题链，即这些分句都有同一个话题，这个话题就是"郎平"；"她承认……只能算是一支'二流队伍'"是一个话题链，这个话题链的话题是"中国女排"，这两个话题链之间的连接用的是代词"她"。

例②的"小李读的书多……尤其是《爱情心理学》什么的"是一个话题链，这个话题链的话题是"小李读的书"；"他知道恋爱是一门艺术……要等机会"是一个话题链，这个话题链的话题是"恋爱"，前后两个话题链的连接用的是代词"他"。

练习

下面句子中带线的名词能否用代词代替。

1. 哥哥的样子很好笑，（　　）哥哥那白嫩的脸上挂着两滴泪。

2. 老爷爷身旁躺着一只大黄狗，（　　）大黄狗张着嘴，伸着红红的、长长的舌头，在那儿睡觉。

3. 小花园坐落在南开大学的对面，（　　）小花园一年四季都是美丽的，可我最爱它秋天迷人的景色。

4. 许多老人正在锻炼身体，（　　）老人神采奕奕，满脸红光，在阳光下显得特别精神。

5. 孩子们也出来玩了，（　　）孩子们像刚出笼的小鸟，快活极了。

6. 鸡兔的欢乐，吸引了正在院外游泳的鸭群，（　　）鸭子从水坑里爬上来，甩掉身上的水珠，"呱呱"地叫着。

7. 黄果树瀑布位于贵州西部高原的白水河上，是我国的第一大瀑布，也是世界上著名的大瀑布。（　　）黄果树瀑布每年都吸引来不少中外学者和游客。

8. 尤其是那池中傲然而立的石柱，（　　）石柱是从天上掉下来的？

9. 竹笋多么有力量呀！（　　）竹笋能冲破阻力，一往无前地向上生长。

10. 河边有很多妇女带着孩子在洗衣服。（　　）妇女一边洗，一边说笑。

三、副词

副词在篇章中也起着连接的作用，这样的副词很多，主要是关联副词、语气副词等。例如：

① 吴先生说着弯下身子，手指建成满纸涂抹的"画"，大笑着说："好好好，像韭菜。你加几朵花看看。"**显然**，这是几句鼓励的话，可小建成听吴爷爷这么一说，十分得意，便起劲地画起花来。

② 郑板桥到附近一家商店借来了笔墨，借着月光，在老太太的扇子上画起画儿来。或画兰花，或画竹子，有的还题上了诗。老太太不知道画画儿的人是谁，担心弄脏了扇子卖不出去。郑板桥笑着说："老太太，您放心吧，只要您说这画儿和字是郑板桥的，保管有人买。"说完，就走了。

第二天，郑板桥画的扇子，**果然**一下子就卖光了。老太太这才知道原来为自己画扇子的，竟是大书画家郑板桥。

例①的"显然"起着连接的作用，把前后两个复句联系在一起。例②的"果然"也同样起着连接作用，把前后两个段落连接在一起。

四、时间连接成分

汉语篇章中的时间连接成分很多,通过这些成分,把篇章中的分句和分句或分句和句段联系在一起。

时间连接成分主要有三类:前时连接成分、同时连接成分和后时连接成分。

(一)前时连接成分

前时连接成分表示所发生的情况在前面,这样的连接成分主要有"先、首先、起初、先前、从前、以前、过去、原来、原先、本来"等。例如:

① 后来,几个司机把大家知道的情况告诉了我。**原来**,三个多月前,从陕北来了个小伙子到我家里找她,邻居不知道是什么关系,光听见他们俩在屋里哭,声音很低,但挺伤心。

② **起初**,在马房里抽大烟的轿夫有好几个,后来渐渐少了。

例①的"原来"、例②的"起初"都是前时连接成分,它们所在的分句所表示的情况发生在前。

(二)同时连接成分

同时连接成分表示一种情况与另一种情况发生在同一个时间。这样的连接成分主要有"同时、当时、此时、与此同时、这时候、那时候、一面、一边、另一方面"等。例如:

① 倒车的时候不仅要注意前方,**同时**还得从左右两个后视镜来观察后面的情况。

② 十几台推土机隆隆响着,仿佛擂起向旧事物宣战的战鼓。**这时候**我的傻二舅一屁股坐在拆掉了门框的门边,手抓着砖墙,发狠似地说:"我不走,这儿是我的家,我死在这儿好了。"

例①的"同时"、例②的"这时候"表示所在的分句表示的情况与另一种情况发生在同一时间。

（三）后时连接成分

后时连接成分表示一种情况发生在另一种情况之后。这样的连接成分主要有"后来、以后、之后、此后、随后、随即、接着、接下来、很快、不久、一会儿以后、不一会儿、过了一会儿"等。例如：

① 十七八岁的时候，两人订了终身，家里大人也同意的。**以后**他参了军，说好复员回来就结婚。

② 老车夫显然很体谅马的辛苦，急忙勒紧缰绳，大声吆喝了一声，母马才渐渐放慢了步子，庄重地走着，如同一个漫步前进的士兵。**随后**不久，它又疾速地奔跑起来。

例①的"以后"、例②的"随后"都表示所在的分句表示的情况发生在另一个情况的后面。

练习

在下面句子中的括号内填上适当的时间连接成分。

1. 他三年前去过日本，（　　）再也没去过，主要是公司工作忙，走不开。

2. 走着走着，我不知不觉登上了高大宏伟的天安门，一种自豪感便在心中油然而生。（　　），《国歌》声响起，游客们不由自主地跟着唱了起来。

3. （　　），别人借我东西，我会毫不犹豫地借给他。因为在那时的我看来，成长就意味着考虑别人。

4. 最激动人心的时刻到了，李校长开始宣布比赛结果。当听到六、七班同时获得第一名时，我们高兴得又是叫，又是跳，又是鼓掌。（　　），李校长给优胜班级颁了奖，他说："这次体操竞赛，不仅赛出了风格，而且赛出了你们的精神。"

5. 跑完第三圈的时候，我又超过了一些队员，一个，二个……

马上就要冲刺了，（　　）加油声更大了，我咬紧牙关，拼命地向前冲去，终于跑了个第二名。

6. 在那灰白相间的地方，出现了淡淡的七彩虹。（　　），色彩更浓艳了，一条美丽的彩虹显现在人们面前，使人心情格外开朗。

7. 跟大熊猫告别以后，我们又去看白兔和乌龟赛跑。好奇怪呀？怎么乌龟到达终点了，小白兔还在后面拼命追呀？（　　）是小白兔太骄傲了，以为自己比乌龟跑得快，所以跑了一半，它就在路边的大树下睡起觉来。

8. 我把孩子搂在我的怀里，紧紧地抱了一阵，用我的脸暖了暖他的脸蛋。（　　），裹紧了大衣，把帽檐往下拉了拉，出了石洞，下了山坡，顺着从绝壁上开凿出来的运输便道，向前走去。

9. 这时，又出现了一种礼花，这种礼花在空中轻轻地炸开，（　　）几颗连在一起，组成一串串"冰糖葫芦"慢慢落下来。我仿佛看到它向我飞来，似乎想让我尝尝它的味道。（　　），放礼花进入了高潮。

10. 文字起源于图画。（　　）是整幅的画，这种画虽然可以有表意的作用，可是往往意思含混不清。应该怎么理解取决于环境。

五、逻辑联系词语

逻辑联系词语表示各种逻辑关系，这些词语在篇章中起着连接的作用。逻辑联系词语很多，可以是词，也可以是短语。从意义上来看，逻辑联系词语主要有列举逻辑词语、解释逻辑词语、总结逻辑词语、对比逻辑词语、转题逻辑词语、补充逻辑词语、转折逻辑词语、推论逻辑词语、等同逻辑词语等。

（一）列举逻辑词语

列举逻辑词语表示对叙述的事物逐一进行列举。这样的逻辑词语主要有"一、二、三、……"、"首先、其次、再次、最后"、"第一、第二、第三、……"、"一方面、另一方面"、"其一、其二、其三、……"等。例如：

① 世界上有两件事最难，一、把自己的思想装进别人的脑袋，二、把别人的钱装进自己的口袋。
② 我觉得这比干家务有意思多了：**一方面**那些工厂、农场建设得确实棒，**另一方面**这种外出多少带有郊游的趣味。

例①的"一、……"、"二、……"列举了世界上最难的两件事，例②的"一方面……"，"另一方面……"列举了"这比干家务有意思多了"的原因。

（二）解释逻辑词语

解释逻辑词语表示对前面所说的内容举例说明、加以解释或进行描述。这样的逻辑词语主要有"例如、比如、比如说、比方说、（就）拿……来说、以……为例、譬如"等。例如：

① 其实，它什么都懂，有时候，比人还明白呐。**比如说**，今天我拉上了你们，有了生意，它比我还快活。
② 我是说，当初搞得太死，缺个活泛劲儿。**比方说**，想吃碗豆腐，麻酱、韭菜花、辣椒油那么一浇，好吃不？

例①的"比如说"后面的部分是对前面部分的解释或说明，例②的"比方说"后面的"想吃碗豆腐……好吃不？"是前面部分的一个例子，是对前面部分的具体说明。

（三）总结逻辑词语

总结逻辑词语表示对前面所说的内容进行总结或归纳。这样的逻辑词语主要有"一句话、总的来看、总的来说、总之、总而言之、概括起来说"等。例如：

① 去年许多国家调整、制定了新的亚洲政策，**总的来说**，更加重视亚洲，一些措施已经或者正在落实中。
② 邓妈妈说："长短肥瘦都合适。**总之**，我非常满意。穿着它，我曾骄傲地对许多同志说：'这是我的儿女为我缝制的'。……"

例①的"总的来说"是对"去年许多国家调整、制定了新的亚洲政策"的总结。例②的"总之"是对"长短肥瘦都合适"的总结。

(四) 对比逻辑词语

对比逻辑词语表示对比、比较。这样的逻辑词语主要有"相比之下、比较而言、两相比较、跟……比起来、与……相比"等。例如：

① 我甚至有点儿伤心地想到"妈的，那小子是那么漂亮，那么文明，那么有教养。"**相比之下**，我简直就像一个没有开化的野蛮人！

② 我游历过苏州，也去颐和园里的苏州街玩过，**两相比较**，似各有特色。

例①的"相比之下"表示比较或对比，即把"我"的行为举止和"那小子"的进行对比或比较。例②的"两相比较"是把"苏州"和"颐和园里的苏州街"做比较。

(五) 转题逻辑词语

转题逻辑词语表示转换话题，引进新的话题。这样的逻辑词语主要有"顺便说一下、顺便提一下、换一个角度"等。例如：

① 下课以后，大家就可以回家了。**顺便说一下**，明天考试，请大家早点儿来。

② 最后，**顺便提一下**，法国人在正式宴请时是不上啤酒的，原因是喝了啤酒容易打嗝。

例①的"顺便说一下"后面的"明天考试，请大家早点儿来"与前面的"下课以后，大家就可以回家"不是一个话题，前面的话题是"大家"，后面的话题是"明天考试"，也就是说话题转换了。例②的"顺便提一下"引出"法国人"这个新话题。

(六) 补充逻辑词语

补充逻辑词语表示对前文所说的情况进行补充。这样的逻辑词语主要有"此外、另外、再说、除了……以外、除此之外、再补充一句"。例如：

① 我没你有面子。**再说**，别人的都拆了，留下您那两间房，成吗？
② 不会开车等于没有腿，不懂电脑等于没有脑。我**再补充一句**：现代人不看电视等于没有眼。

例①的"再说"后面的"别人的都拆了……成吗？"是对"我没你有面子"的补充。例②的"再补充一句"是对"不会开车等于没有腿，不懂电脑等于没有脑。"的补充。

（七）转折逻辑词语

转折逻辑词语表示与前文所说的情况相反或相对。这样的转折逻辑词语主要有"相反、事实上、反过来、其实、不料、没料到、没想到、反之、与此相反"。例如：

① 大家都以为训练到此结束，都准备去洗澡，**没想到**教练却说："由于今天大家练得不好，还得再练一个小时！"
② 原来公司机关有700多人，现减为238人，但**与此相反**，经营部门的人员却比原来增加了。

例①、②的"没想到"、"与此相反"都表示转折。

（八）推论逻辑词语

推论逻辑词语表示在前文的基础上所做的推论。这样的逻辑词语主要有"显然、由此可见、不难看出、显而易见、这么一来、毫无疑问、这表明、这证明、以上情况显示"等。例如：

① 美国基本消灭地区差距用了50年，德国、日本用了20年，**毫无疑问**，在我国缩小地区差距也需要一个长期的过程。
② 心里想：等到她离馆的时候，把这伞借给她，她准要还，我就可以找个借口，说我去取。**这么一来**，她住哪儿，叫什么名字，不是全知道了吗？

例①的"毫无疑问"后面的"在我国缩小地区差距也需要一个长期的过

程"是在"美国基本消灭地区差距用了50年，德国、日本用了20年"基础上的推论。例②的"这么一来"是在"等到她离馆的时候，……，说我去取。"基础上的推论。

（九）等同逻辑词语

等同逻辑词语表示所说的内容与前文的内容相同或大致相同。这样的逻辑词语主要有"也就是说、即、换句话说、或者说"等。例如：

① 首先云南四季如春，不存在吃春这样郑重其事的仪式，**换句话说**，云南四季都需吃饭，故而四季都是吃春。
② 她说话不多，**或者说**，她常常是沉默的。

例①"换句话说"后面的"云南四季都需吃饭，故而四季都是吃春"和前面的"首先云南四季如春，不存在吃春这样郑重其事的仪式"意思大致相同。例②的"或者说"后面的"她常常是沉默的"与"她说话不多"意思也大同小异。

六、省略

省略是为了避免重复，突出主要信息，此外，还起着篇章连接作用。

省略分为三种：承前省略、蒙后省略和语境省略。

（一）承前省略

承前省略是指有些成分前文已经出现了，所以后面可以省略。承前省略的可以是主语，也可以是宾语和定语中心语。例如：

① **我们姑爷**又进步了，（我们姑爷）副字去掉了，（我们姑爷）当正科长了，（我们姑爷）管着好几个人。（主语省略）
② 你家有**一辆车**，我家也有（一辆车）。（宾语省略）
③ 我有两本**词典**，你用我的（词典）吧，别回去取了。（定语中心语省略）

例①第一个分句的主语是"我们姑爷"，后面三个分句的主语"我们姑爷"都省略了。例②第一个分句的宾语是"一辆车",第二个分句的宾语"一辆车"省略了。例③第一个分句中有"词典",第二个分句中的中心语"词典"就省略了。

承前省略的成分可以是名词（短语）、动词（短语），也可以是主谓短语。例如：

① **小李**竭力控制着有点儿失常的心跳，（**小李**）迎上前去，（**小李**）微笑着说……
② 你们能**坐飞机去上海开会**，为什么我不能（**坐飞机去上海开会**）？
③ A：**昨天晚上他们都没去上课**，你知道吗？
　　B：知道（**昨天晚上他们都没去上课**）。

例①省略的"小李"是名词，例②省略的"坐飞机去上海开会"是动词短语，例③省略的"昨天晚上他们都没去上课"是主谓短语。

⚠ 注意

承前省略时，前面出现的相同成分可以是主语，也可以是宾语，但不能是定语。下面的省略都不成立：

① *我很喜欢听刘老师讲课，因为**他**的课充满了活力，而且（**他**）对我们很亲切。
② ***爸爸**的新车非常漂亮，（**爸爸**）每天下班以后都要擦擦车。

例①省略"他"，分句不成立，因为前一句中的"他"是定语；例②省略了"爸爸"，分句也不成立，因为前一句中的"爸爸"也是定语。

（二）蒙后省略

蒙后省略是指有些成分下文马上就要出现，因此前面分句中的同样的成分常常省略。例如：

① （**你**）仔细看一下，**你**就会发现其中的破绽。
② （**大家**）低头不见抬头见，**大家**最好还是不要撕破脸皮。

例①的"仔细看一下"省略了主语"你",因为第二个分句的主语也是"你"。例②的"低头不见抬头见"省略了主语"大家",因为第二个分句的主语也是"大家"。

蒙后省略的一般是主语,不能是宾语,也不能是定语中心语。

(三) 语境省略

语境省略是指由于语境很清楚,所以某些成分也常常省略。例如:

① A：(孩子在吃苹果) (苹果) 好吃吗?
   B：(苹果) 好吃。
② (说话人指着桌子说) (把桌子) 搬出去!

例①的"苹果"省略了,因为说话时的语境清楚地告诉了听话人"好吃"指的是"苹果"。例②的"把桌子"省略了,因为语境显示"搬出去"的对象是"桌子"。

语境省略的既可以是主语,也可以是宾语,还可以是定语中心语、状语等。

下面句子中带线的名词能不能省略。

1. 爸爸为了找妈妈,<u>爸爸</u>把妈妈的同事家翻遍了,<u>爸爸</u>结果也没找到。

2. 猴子抓住这个机会,<u>猴子</u>纵身一跳,<u>猴子</u>跳到鳄鱼的背上,等鳄鱼还没来得及伸舌头,<u>猴子</u>又纵身一跳,<u>猴子</u>跳到了岸上。

3. 猴子最喜欢吃桃子,可是隔着河,<u>猴子</u>无法到小岛上去。

4. 平平洗完澡,<u>平平</u>走到房间时,<u>平平</u>听见花床单对枕头和毛巾被说:"伙伴们,快到床上来吧!"

5. 同学们都沉浸在一片欢乐之中,<u>同学们</u>忘了腰酸腿疼,<u>同学们</u>迅速登上了山顶。

6. 大黄狗不知所措，大黄狗撒腿也往家里跑，大黄狗边跑边叫。

7. 孩子们拍着手，孩子们高兴地叫着，孩子们跳着。

8. 太阳出来了，太阳赶走了黑暗，太阳给我们带来了光明、温暖和欢乐。

9. 王子抬起头，王子向远处望了一眼，王子用鞭子打了一下马，那匹马就向那边跑去了。

10. 人们簇拥着他，人们给他戴上大红花，人们对骑手表示祝贺。

七、替代

替代就是用其他形式，主要是代词，去代替上文出现的词语或句子、复句等。替代主要是为了避免重复，同时也起着篇章连接的作用。

替代可以根据被替代的成分的不同分为三种：名词性替代、动词性替代和句子或复句替代。

（一）名词性替代

名词性替代是指被替代的为名词（短语）。例如：

① 隔壁办公室新来一个大学生，这使**小李**非常高兴。**他**也是大学毕业后来到这个单位的，至今还没有女朋友。

② 东南角坐着**一个身材瘦削的青年**，**他**叫智金力。

例①的"他"替代的是前一句中的名词"小李"，例②的"他"替代的是前一句中的名词短语"一个身材瘦削的青年"。

（二）动词性替代

动词性替代是指被替代的是动词（短语）。动词性替代一般用于对话中。例如：

① A：我**觉得明天去最好**。
　　B：我也**这么想**。

② A：你不会**认为我自私**吧？
　　B：我才不会**那么想**呢。

例①的"这么想"替代的是动词（短语）"觉得明天去最好"，例②的"那么想"替代的是动词（短语）"认为我自私"。

（三）句子或复句替代

句子或复句替代是指被替代的是句子或复句。用来替代的词语常见的有"这、那、这么做、那么做、这样、那样、以上、以上情况、前文、前面、后面、上文"等。例如：

① 谈恋爱这样的大事不告诉爸爸妈妈，**这**不太好吧。
② 拍打几下翅膀，能使气流上升，后面的鸿雁就可借助这股气流滑翔，**这样**既能使雁群飞得更快，也能减少体力消耗。

例①的"这"替代的是句子"谈恋爱这样的大事不告诉爸爸妈妈"，例②的"这样"替代"拍打几下翅膀……这股气流滑翔"。

第八章

表 达 法

第一节 数字表达

一、"年"、"月"、"日"、"星期"表达方法

(一)"年"的表达方法

"……年"一般是逐个数字读。例如:

| 1980年 | yī–jiǔ–bā–líng年 | 1909年 | yī–jiǔ–líng–jiǔ年 |
| 2000年 | èr–líng–líng–líng年 | 2008年 | èr–líng–líng–bā年 |

但是2000—2009年也可以按照一个整数来读。例如:

| 2000年 | 两千年 | 2001年 | 两千零一年 |
| 2006年 | 两千零六年 | 2009年 | 两千零九年 |

汉语的"年"是量词。例如:

① 我在这儿住过一年。
② 完成这项研究需要十年时间。

⚠️ **注意**

"年"前面不能出现量词"个"。下面的说法都是错误的:

① *我们都学了一个年汉语。（我们都学了一年汉语。）
② *他在北京住了两个年。（他在北京住了两年。）

(二)"月"的表达方法

"……月"按照数数的方法读。例如：

1月　yī月　2月　èr月　5月　wǔ月　11月　shí-yī月　12月　shí-èr月

汉语的"月"是名词，用来表示一段时间时，前面要用量词"个"。例如：

① 弟弟在上海住了六个月。
② 妹妹学过三个月汉语。

(三)"日"的表达方法

"……日（号）"也按照数数的方法读。例如：

1日（号）　　yī日（号）
3日（号）　　sān日（号）
26日（号）　　èr-shí-liù日（号）
31日（号）　　sān-shí-yī日（号）

汉语的"日"只能用来表示某一天，不能用来表示一段时间，表示一段时间要用"天"。"天"是量词。例如：

① 你在这儿住几天？
② 风刮了两天了。

"天"前面不能出现量词"个"。下面的说法都是错误的：

① *三个天以后我就回国。（三天以后我就回国。）
② *上个星期下了两个天雨。（上个星期下了两天雨。）

(四)"星期"的表达方法

星期的表达方法是"星期……"、"周……"或"礼拜……",例如:

星期一	星期二	星期三	星期四	星期五	星期六	星期天(日)
周一	周二	周三	周四	周五	周六	周日
礼拜一	礼拜二	礼拜三	礼拜四	礼拜五	礼拜六	礼拜天(日)

"星期"、"礼拜"是名词,用来表示一段时间时前面应该用上量词"个"。例如:

① 我们学了两个星期汉语。
② 一个礼拜以后我就回来。

"周"是量词。例如:

① 你一周几节课?
② 妈妈回国两周了。

注意

"周"前面不能出现量词"个"。下面的说法都是错误的:

① *一个周以后放寒假。(一周以后放寒假。)
② *这次旅行只有两个周时间。(这次旅行只有两周时间。)

(五)"年"、"月"、"日"、"星期"的表达顺序

汉语的年、月、日、星期的表达顺序是先说"年",再说"月"、"日",最后说"星期",即大的时间单位在前,小的时间单位在后。例如:

① 1997年7月1日星期二,中国政府在这一天恢复对香港行使主权。
② 2008年8月8日星期五,第29届奥运会在北京开幕。

说出下面的时间。

1986年　1999年　1900年　2000年　2001年　2016年　2108年
1966年8月15日　　2007年1月30日　　2010年10月1日
2006年12月2日星期六　2007年2月3日星期日　2008年8月8日星期五

二、钟点表达方法

（一）时刻表达方法

汉语表示时刻的单位是点、分、秒，正式语体中用"时"代替"点"。例如：

非正式语体	正式语体
2点25分30秒	2时25分30秒
9点45分15秒	9时45分15秒
10点整	10时整

当时刻不超过10分时，也可以用"过"来表示"分"。例如：

10点5分＝10点过5分
20点9分＝20点过9分

当时刻超过40分时，可以用"差"来表示"分"。例如：

8点45分＝差15分9点/9点差15分
11点56分＝差4分12点/12点差4分

当时刻为30分时，可以用"半"来代替。例如：

1点30分＝1点半
15点30分＝15点半

"15分"也可以用"刻"来代替。例如：

11点15分＝11点1刻
13点45分＝13点3刻/差一刻十四点

（二）时段表达方法

表示时段的单位是小时、分钟、秒。例如：

① 从这儿到那儿坐飞机需要3小时。
② 考试用了1小时20分钟。

如果"分钟"、"秒"连用，"分钟"中的"钟"一般省略，"秒"后面的数字逐个读。例如：

① 男子一百米跑的世界纪录是9秒72，八百米跑的世界纪录是1分（钟）41秒11。
② 这段路我们走了5分（钟）30秒，够快的了。

"30分钟"也可以用"半"来代替。例如：

2小时30分钟＝2个半小时
6小时30分钟＝6个半小时

⚠ 注意

这种情况下，"小时"前面必须加上量词"个"，把"半"放在"个"的后面。下面的说法都是错误的：

① *我们坐了两小时半飞机。（我们坐了两个半小时飞机。）
② *考试时间是一小时半。（考试时间是一个半小时。）

练习

一、说出下面的时间。

　　8:00　　9:12　　10:10　　9:30　　6:45　　11:55　　12:05

17:15　19:30　20:08　21:30　22:45　22:59　23:11

二、根据下表，说出大卫的作息时间：

大卫的作息时间表

起床	早饭	上课	午饭	午休	锻炼	辅导	晚饭	自习	睡觉
7:00	7:20	8:00	12:15	12:50	15:30	16:45	19:20	20:30	23:25

三、钱数表达方法

人民币的单位有"元（块）"、"角（毛）"、"分"，"元"、"角"用于书面语，"块"、"毛"用于口语，"分"书面语和口语都使用。例如：

5元　wǔ元　　81块　bā-shí-yī块　　101块　yī-bǎi líng yī块
99.9元　jiǔ-shí-jiǔ点jiǔ元／jiǔ-shí-jiǔ元（块）jiǔ角（毛）／jiǔ-shí-jiǔ块jiǔ

相邻的两个单位或"元（块）"、"角（毛）"、"分"同时出现时，最后一个单位一般省略。例如：

6块5（毛）　　35块1（毛）　　5角5（分）　　8毛9（分）
9元5角6（分）　　15块6毛9（分）

但"元(块)"和"分"同时出现时，"分"不能省略。例如：

11元5分　　68块8分

练习

下表是大卫一个月的支出情况，请说出每项支出的钱数。

项目	交通费	伙食费	网费	邮费	水电费	电话费	手机费	旅费	书报费	房费	杂费
金额（元）	88	1005	55.5	11.5	99.08	200	109	1050	668	1800	2015

四、号码表达方法

(一) 电话号码

电话号码要逐个数字读。例如：

86-10-62518856　　bā–liù gàng yāo–líng gàng liù–èr–wǔ–yāo–bā–bā–wǔ–liù
13751856796　　　yāo–sān–qī–wǔ–yāo–bā–wǔ–liù–qī–jiǔ–liù

> ⚠️ 注意
>
> <1> 号码中"1"的读法：除了单独使用，一般念作yāo，不念yī。
> <2> 汉语中的分隔符"–"念作gàng。

(二) 楼房号码

楼号按数数的方法读，房间号码是逐个数字读。例如：

1号楼	yī号楼	312房间	sān–yāo–èr房间
8号楼	bā号楼	816房间	bā–yāo–liù房间
55号楼	wǔ–shí–wǔ号楼		

(三) 与交通工具有关的号码

1. 公共汽车

一百以下的公共汽车线路，按照数数的方法读。例如：

1路	yī路	9路	jiǔ路
55路	wǔ–shí–wǔ路	99路	jiǔ–shí–jiǔ路

一百以上的，要逐个数字读。例如：

105路　yāo–líng–wǔ路　　718路　qī–yāo–bā路　　926路　jiǔ–èr–liù路

2. 火车

一百以下的车次，按照数数的方法读。例如：

T9次　T jiǔ次　　T16次　T shí–liù次　　D31次　D sān–shí–yī次

一百以上的，可以按照数数的方法读，也可以逐个数字读。例如：

D133次　　D yī-bǎi sān-shí-sān次 / D yāo-sān-sān次

K179次　　K yī-bǎi qī-shí-jiǔ次 / K yāo-qī-jiǔ次

3. 飞机

航班的数字一般逐个数字读。例如：

CA918次　　CA jiǔ-yāo-bā次　　MU5110次　　MU wǔ-yāo-yāo-líng次

五、温度表达方法

汉语温度单位为"摄氏度"，简称"度"。例如：

0℃　　　　零（摄氏）度
28℃　　　 二十八（摄氏）度
-5℃　　　 零下五（摄氏）度
37.2℃　　 三十七点二（摄氏）度/三十七度二

完成下面的对话。

1. A：你的生日是什么时候？
   B：（　　　　　　　　　　　　　　　　　）

2. A：现在几点？
   B：（　　　　　　　　　　　　　　　　　）

3. A：今天几月几号星期（礼拜）几？
   B：（　　　　　　　　　　　　　　　　　）

4. A：你们国家的国庆是什么时候？
   B：（　　　　　　　　　　　　　　　　　）

5. A：你的词典多少钱？
   B：（　　　　　　　　　　　　　　　　　）

6. A：你到北京乘坐的是哪次航班？
   B：(   )
7. A：你的房间号码是多少？
   B：(   )
8. A：去动物园坐几路车？
   B：(   )
9. A：明天多少度？
   B：(   )
10. A：从宿舍到食堂，走路要多长时间？
    B：(   )

六、网址、邮箱表达方法

网址中的字母按照字母读，成音节的按照音节读。例如：

www.sina.com：   www／3w 点 新浪／sina 点 com
www.sohu.com：   www／3w 点 搜狐／sohu 点 com
www.yahoo.com.cn：www／3w 点 雅虎／yahoo 点 com 点 cn

网址中有数字的，逐个数字读。例如：

www.126.com：   www／3w 点 幺（yāo）二六 点 com
www.2345.com：   www／3w 点 二三四五 点 com

邮箱的读法跟网址类似，"@"读作"圈A"或英文at。例如：

ylj82@sina.com.cn：ylj 八二 at 新浪 点 com 点 cn
Zhonghua_1986@sohu.com.cn：zhonghua 下杠 yī-jiǔ-bā-liù at 搜狐 点 com 点 cn

chinachen-pku@126.com.cn：chinachen 中杠 pku 圈A 幺（yāo）二六 点 com 点 cn

第二节　表示比较的方法

一、用"比"表示比较

汉语的"比"字比较句有两种，一种是"A比B＋谓词性成分"，一种是"A不比B＋谓词性成分"，前者表示A和B在某个方面有差别，后者主要表示A和B在某个方面差不多。例如：

① 今天**比**昨天热。
② 他的汉语**比**我好。
③ 饺子**不比**包子好吃。

（一）"A比B+谓词性成分"比较句

1. "A比B＋谓词性成分"的"谓词性成分"

（1）"谓词性成分"为形容词（短语）

"A比B＋谓词性成分"的"谓词性成分"多为形容词（短语）。例如：

① 苹果比香蕉**好吃**。
② 弟弟比哥哥**高一些**。
③ 这次考试比上次**难得多**。

> ⚠ **注意**
>
> "谓词性成分"为形容词短语时，多为"形容词＋数量补语"或"形容词＋（得）＋程度补语（了）"，除了"还/更＋形容词"以外，一般不能是"副词＋形容词"。下面的说法都是错误的：
>
> ① *今天比昨天**很**热。（今天比昨天热**得多**。）
> ② *他的汉语比我**非常**好。（他的汉语比我好**多了**。）

(2)"谓词性成分"为动词短语

"A比B+谓词性成分"的"谓词性成分"也可以是动词短语,常见的动词短语主要有"多/少/早/晚/难/好+动词+(数量补语)"、"动词+得+情态补语"、"能愿动词+动词(短语)"、"有+抽象名词"等。例如：

① 今天比昨天**多干了一个小时**。
② 老虎比兔子**跑得快**。
③ 妹妹比姐姐**会说话**。
④ 大人比孩子**有经验**。

当"谓词性成分"为"动词+得+情态补语"时，"比B"也可以放在"得"的后面、情态补语的前面，即可以是"A+动词+得+比B+情态补语"。例如：

① 老虎**比兔子**跑得快。→老虎跑得**比兔子**快。
② 他**比我**知道得多。→他知道得**比我**多。

2. "A比B+谓词性成分"的否定

"A比B+谓词性成分"的否定不是"A不比B+谓词性成分"，而是"A没有B+谓词性成分"。例如：

① 苹果比香蕉好吃。→苹果**没有**香蕉好吃。
② 弟弟比哥哥能说。→弟弟**没有**哥哥能说。

3. "A比B+谓词性成分"的省略情况

A和B如果都是"名词$_1$/代词+的+名词$_2$"，而且有些成分相同，那么B中与A中相同的部分有时可以省略，这主要有两种情况。

(1) B中的"名词$_2$"和"的+名词$_2$"省略

A和B中"名词$_1$"、"代词"和"名词$_2$"的关系是领属关系，而且A和B的"名词$_2$"相同，那么B中的"名词$_2$"一般省略。例如：

① 爸爸的手比我的(手) 大。
② 我们班的学生比他们班的 (学生) 多。

例①的"手"属于"爸爸"和"我","爸爸"、"我"和"手"是领属关系,"我的手"中的"手"一般省略。例②的"我们班"、"他们班"和"学生"也是领属关系,"他们班的学生"中的"学生"一般也省略。

如果"名词₂"为亲属名词,一般不能省略。下面的说法都是错误的:

① *他的妹妹比你的(**妹妹**)漂亮。(他的妹妹比你的**妹妹**漂亮。)
② *小明的爸爸比小刚的(**爸爸**)大。(小明的爸爸比小刚的**爸爸**大。)

如果"名词₁"表示的是时间或处所,B中的"的+名词₂"一般省略。例如:

① 昨天的气温比今天(**的气温**)高。
② 北京的冬天比香港(**的冬天**)长。

例①的"昨天"和"今天"都表示时间,"今天的气温"中的"的气温"一般省略;例②的"北京"和"香港"都表示处所,"香港的冬天"中的"的冬天"一般也省略。

"名词₂"如果表示的是"名词₁"或"代词"的属性,B中的"的+名词₂"一般也省略。例如:

① 哥哥的脾气比弟弟(**的脾气**)好。
② 电视的质量比电脑(**的质量**)差。

例①的"脾气"是"哥哥"、"弟弟"的属性之一,"弟弟的脾气"中的"的脾气"一般省略;例②的"质量"是"电视"、"电脑"的属性之一,"电脑的质量"中的"的质量"一般也省略。

(2) B中的"名词₁/代词+的"省略

A和B的"名词₁"或"代词"如果相同,但"名词₂"不同,B中的"名词₁/代词+的"一般省略。例如:

① 弟弟的左手比(**弟弟的**)右手小一些。

② 我的汉语比（**我的**）英语好。

例①的"弟弟的左手"和"弟弟的右手"中的"名词₁"都是"弟弟"，因此"弟弟的右手"中的"弟弟的"一般省略；例②的"我的汉语"和"我的英语"中的"代词"都是"我"，所以"我的英语"中的"我的"一般也省略。

（二）"A不比B+谓词性成分"比较句

"A不比B＋谓词性成分"并不是"A比B＋谓词性成分"的否定，"A不比B＋谓词性成分"主要表示A和B差不多，"不比"前经常出现副词"并"、"也"等。例如：

① 姐姐虽然比妹妹大三岁，但姐姐并**不比**妹妹高。（意思为"姐姐跟妹妹差不多"）

② 好手机并**不比**电脑便宜。（意思为"好手机跟电脑差不多一样贵"）

1. "A不比B＋谓词性成分"表示的意思

一般情况下，谓词性成分为正向形容词，像"大、高、好、远、长、重、宽、厚、漂亮、好看、优秀"等，"A不比B＋谓词性成分"除了表示"A和B差不多一样＋谓词性成分"以外，还含有"A没有B＋谓词性成分"的意思。例如：

① 这个**不比**那个大，你为什么要这个？

② 哥哥比弟弟大5岁，但个儿并**不比**弟弟高。

例①的"这个不比那个大"表示"这个跟那个差不多一样大"，有时还含有"这个没有那个大"的意思；例②的"个儿并不比弟弟高"意思为"哥哥跟弟弟差不多一样高"，有时也含有"哥哥没有弟弟高"的意思。

谓词性成分为负向形容词，像"少、小、矮、低、差、笨、近、短、轻、难看"等，"A不比B＋谓词性成分"除了表示"A和B差不多一样＋谓词性成分（为正向形容词）"的意思以外，有时含有"A比B＋要＋谓词性成分（为正向形容词）"的意思。

① 静下心来，你会发现，我们的快乐并**不比**别人少。

② 水的价值并**不比**石头低，水资源十分宝贵。

例①的"我们的快乐并不比别人少"表示"我们的快乐跟别人一样多"，甚至"我们的快乐比别人要多"。例②的"水的价值并不比石头低"表示"水的价值跟石头一样高"，甚至"水的价值比石头要高"。

2．"A不比B＋谓词性成分"的使用条件

"A不比B＋谓词性成分"一般是针对前文进行辩驳或订正，因此不能作为始发句。例如：

① A：我觉得语法比发音容易。

　B：谁说的？语法**不比**发音容易。

② 她考了80分，我考了90分，她的成绩**不比**我好，为什么让她去一班不让我去？

例①的"语法不比发音容易"是对"语法比发音容易"这种看法的辩驳，例②的"她的成绩不比我好"是针对"让她去一班不让我去"这一情况的。

练习

一、仿照例子，把下面的句子改成"比"字句。

　　例：这本书二十块。

　　　　那本书十五块。→这本书比那本书贵。/这本书比那本书贵五块。

1．哥哥一米八。

　　弟弟一米七五。→

2．他们学了20个汉字。

　　我们学了35个汉字。→

3. 那个商店到学校要40分钟。
   这个商店到学校要30分钟。→

4. 昨天睡了八个小时。
   前天睡了九个小时。→

5. 汉字非常难。
   发音很难。→

6. 一杯咖啡19元。
   一杯啤酒10元。

7. 从上海到北京坐飞机2个小时。
   从上海到北京坐火车10个小时。→

8. 我能喝三瓶啤酒。
   他能喝两瓶啤酒。→

9. 口语考了85分。
   汉语考了95分。→

10. 刘老师说话有点儿快。
    张老师说话太快。→

二、把下面的句子变成否定句。

1. 前天比昨天冷。
2. 西瓜比黄瓜好吃。
3. 这条路比那条路难走一些。
4. 男孩子比女孩子劲儿大得多。
5. 一班比二班考得好一些。
6. 我的汉语比口语差一截。
7. 羊肉比猪肉味儿大。
8. 姐姐比妹妹苗条得多。
9. 图书馆比教室安静。
10. 这孩子吃的比大人都要多。

二、用"像"表示比较

"A像B+谓词性成分"是常用的比较句,表示A和B在某个方面相同。例如:

① 我**像**你那么努力,我也能学好汉语。
② 今天**不像**昨天那么凉快。

(一)"A像B+谓词性成分"的"谓词性成分"

"A像B+谓词性成分"的"谓词性成分"多为"这么/那么+形容词/动词(短语)"。例如:

① 我也喜欢看电影,但不像弟弟**这么喜欢**。
② 大家要像他**那么负责**。

(二)"A像B+谓词性成分"的否定

"A像B+谓词性成分"的否定是"A不像B+谓词性成分"。例如:

① 面包**不像**饺子这么好吃。
② 猴子**不像**熊那么笨。

(三)"A不像B+谓词性成分"的省略情况

"A不像B+谓词性成分"的"谓词性成分"可以省略,但被省略的"谓词性成分"经常出现在后面的句子中。例如:

① 我不像他,他很**聪明**。
② 黄瓜不像西瓜,西瓜比较**贵**。

例①的"我不像他"实际上是说"我不像他那么聪明","那么聪明"省略了,但后面句子的谓语形容词是"聪明";例②的"黄瓜不像西瓜"实际上是"黄瓜不像西瓜那么贵","那么贵"省略了,不过后面句子的谓语是"贵"。

三、用"跟"、"和"表示比较

"A跟/和B一样＋（谓词性成分）"也是常用的比较句，这种比较句表示A和B在某个方面或某些方面相同。

（一）"A跟/和B一样+（谓词性成分）"的A和B

"A跟/和B一样＋（谓词性成分）"的A和B可以是名词（短语）、代词，也可以是动词（短语）。例如：

① **手机**跟/和**电视**一样贵。
② **去**跟/和**不去**一样。

（二）"A跟/和B一样+（谓词性成分）"的"谓词性成分"

"A跟/和B一样＋（谓词性成分）"的"谓词性成分"主要为形容词（短语）、动词短语，既可以是肯定形式，也可以是否定形式。例如：

① 今天跟/和昨天一样**热**。
② 他跟/和你一样**打得很好**。

如果"谓词性成分"为"动词＋得＋情态补语"，"跟/和B一样"也可以放在"得"后面、"情态补语"前面，即"A＋动词＋得＋跟/和B一样＋情态补语"。例如：

① 他跟/和我**说得**一样**好**。→他说得跟/和我一样好。
② 老虎跟/和狮子**跑得**一样**快**。→老虎跑得跟/和狮子一样快。

（三）"A跟/和B一样+（谓词性成分）"的否定

"A跟/和B一样＋（谓词性成分）"的否定是在"一样"前面加上否定副词"不"，"谓词性成分"省略。例如：

① 今天跟/和昨天**一样**热。→今天跟/和昨天**不一样**。
② 发音跟/和语法**一样**难。→发音跟/和语法**不一样**。

"A跟/和B一样＋（谓词性成分）"的否定不能在"跟"或"和"前

面加上否定副词"不"。下面的说法都是错误的：

① *今天**不**跟/和昨天一样热。（今天跟/和昨天**不**一样。）
② *发音**不**跟/和语法一样难。（发音跟/和语法**不**一样。）

（四）"A跟/和B一样+（谓词性成分）"的省略情况

"A跟/和B一样+（谓词性成分）"中的A和B，如果有些成分相同，那么B中与A中相同的部分常常可以省略。例如：

① 我的想法跟/和你（**的想法**）一样。
② 这件衣服的颜色跟/和那件（**的颜色**）不一样。

"A跟/和B一样+（谓词性成分）"中B的省略情况与"A比B+谓词性成分"中B的省略情况大致相同。参见本节一3（P.241）。

仿照例子，把下面的两个句子变成一句话，注意省略情况。

    例：姐姐性格内向。
        妹妹性格外向。→姐姐的性格跟/和妹妹（的性格）不一样，姐姐内向一些。

1. 弟弟瘦。
   哥哥胖。→
2. 这张邮票颜色好看。
   那张邮票颜色不好看。→
3. 昨天有点儿冷。
   今天一点儿都不冷。→
4. 这本书讲的是数学知识。
   那本书讲的是语法知识。→

5. 鸡肉是白色的。
   牛肉是红色的。→
6. 木头床很轻。
   铁床很重。→
7. 我计划假期去上海。
   他计划假期去昆明。→
8. 王老师说话很快。
   李老师说话比较慢。→
9. 北方人喜欢吃面饭。
   南方人喜欢吃米饭。→
10. 一班在一楼上课。
    二班在五楼上课。→

四、用"有"表示比较

"A有B+谓词性成分",表示A达到了B的程度,一般用于疑问句。例如:

① 语法**有**发音难吗?
② 今天**有**昨天热吗?

(一)"A有B+谓词性成分"的"谓词性成分"

"A有B+谓词性成分"的"谓词性成分"可以是形容词、"这么/那么+形容词"、"动词+得+情态补语"、"能愿动词+动词(短语)"等。例如:

① 面条有饺子**好吃**吗?
② 你有他**跑得快**吗?
③ 弟弟有哥哥**能说**吗?

注意

"谓词性成分"不能是"程度副词+形容词"。下面的说法都是错误的:

① *语法有发音非常难吗？ （语法有发音难吗？）
② *这儿有那儿很漂亮吗？ （这儿有那儿漂亮吗？）

(二)"A有B+谓词性成分"的否定

"A有B＋谓词性成分"的否定是"A没有B＋谓词性成分"。例如：

① A：面条有饺子好吃吗？
　 B：面条**没有**饺子好吃。
② A：是骑车去，还是坐车去？
　 B：骑车**没有**坐车快，坐车吧。

"A没有B＋谓词性成分"可以用于疑问句，也可以用于陈述句。例如：

① 我做的饭**没有**你做的好吃？
② 上次的考试**没有**这次难。

"A没有B＋谓词性成分"一般也被看作是"A比B＋谓词性成分"的否定。例如：

① 我**比**他高。→我**没有**他高。
② 词典**比**书贵。→词典**没有**书贵。

(三)"A有B+谓词性成分"的正反问句

"A有B＋谓词性成分"的正反问句是"A有没有B＋谓词性成分"。例如：

① 今天**有没有**昨天热？
② 发邮件**有没有**打电话便宜？

(四)"A有B+谓词性成分"的省略

"A有B＋谓词性成分"的省略情况与"A比B＋谓词性成分"的大致相同。例如：

① 他的房子有我的（房子）大吗？

② 哥哥的脾气没有弟弟（**的脾气**）好。

参见本节一3（P.241）。

练习

用"A有B+谓词性成分"或"A没有B+谓词性成分"完成对话。

1. A：这个菜比那个菜好吃。
   B：（   ）
2. A：今天的雨挺大的。
   B：（   ）
3. A：弟弟的发音比我好多了。
   B：（   ）
4. A：住在这儿比住在那儿方便一些。
   B：（   ）
5. A：我觉得早点儿结婚比较好。
   B：（   ）
6. A：你去中级班，他去高级班。
   B：（   ），为什么他去高级班？
7. A：这件衣服比那件衣服便宜，你买这件吧。
   B：（   ）
8. A：我喜欢打电话，电话非常方便。
   B：（   ），我喜欢发邮件。
9. A：咱们打的去吧，打的很快！
   B：现在是上班高峰，（   ），还是骑车去吧。
10. A：是春节出去旅游还是"五一"出去旅游？
    B：（   ），"五一"去吧。

五、用"不如"表示比较

"A不如B＋（谓词性成分）"表示A和B在某个方面有差别。例如：

① 面包**不如**饺子好吃。
② 我的汉语**不如**他好。

（一）"A不如B+（谓词性成分）"的"谓词性成分"

"A不如B＋（谓词性成分）"的"谓词性成分"是说话人希望的情况，可以是形容词，像"好、帅、长、高、厚、宽、好看、漂亮、结实、实惠"等，也可以是形容词短语。例如：

① 我的发音不如你的**好**。
② 这件衣服不如那件**好看**。

（二）"A不如B+（谓词性成分）"的省略

"A不如B＋（谓词性成分）"的B也可以部分省略，省略情况跟"A比B＋谓词性成分"中B的省略情况相同。参见本节一3（P.241）。

"A不如B＋（谓词性成分）"的"谓词性成分"经常省略，只是在不清楚的情况下才说出来。例如：

① 坐飞机不如坐火车**安全**。
② 在学习方面，弟弟不如姐姐。
③ 打篮球一班不如二班。

把下面的词语组成句子。

1. 打扮　那么　姐姐　不像　妹妹　爱

2. 好学 不 篮球 游泳 打 像 这么

3. 弟弟 一样 的 和 脾气 哥哥 不

4. 复习 就是 一样 了 和 没 不 复习

5. 跟 张老师 刘老师 一样 说话 快

6. 一样 他 不 和 认真 你

7. 的 口语 以前 我 好 不如

8. 英语 一样 难 和 汉语

9. 穿 不如 皮鞋 舒服 运动鞋 穿 那么

10. 饺子 不如 吃 便宜 包子 吃

第三节　表示强调的方法

一、用"是"强调

"是"在口语中可以用来强调，一般情况下，"是"放在被强调的谓语动词或形容词前面，即"(主语)＋是＋谓词性成分"。例如：

① 我是知道这件事，但不能告诉你。

② A：这件衣服的颜色是不是有点儿老？
　B：是有点儿老，买别的颜色的吧。

(一)"(主语)＋是+谓词性成分"的"谓词性成分"

"(主语)＋是＋谓词性成分"的"谓词性成分"可以是动词(短语)、形容词(短语)，既可以是肯定形式，也可以是否定形式。例如：

① 我们是学过一年汉语，但基本上都忘了。（强调"学过一年汉语"）
② 饺子是好吃，不过，做起来有些麻烦。（强调"好吃"）
③ 那件衣服是不好看，以后你就别穿了！（强调"不好看"）

(二)"(主语)＋是+谓词性成分"的使用情况

"主语＋是＋谓词性成分"表示对某种情况或事实的确认或肯定，因此这种句子使用时必须有上文，并且常跟"确实"、"的确"等副词连用。例如：

① A：我觉得汉语有点儿难。
　B：（汉语）是难，不过很有意思。
② A：你学过汉语，为什么不会说？
　B：我确实是学过汉语，但是只学了一个星期。

例①的"（汉语）是难"是对"汉语有点儿难"的确认，例②的"我确实是学过汉语"是对"你学过汉语"的确认。

(三)"(主语)＋是+谓词性成分"的重音

"主语＋是＋谓词性成分"中的"是"要重读。例如：

① A：今年冬天可真冷。
　B：（今年冬天）'是冷，但还是没有去年冷。
② 弟弟'是会游泳，但水平不太高。

练习

用"(主语)＋是＋谓词性成分"完成对话。

1. A：今天真热！
   B：（   ）
2. A：这次考试太难了！
   B：（   ）
3. A：今年的大米怎么这么贵呀？
   B：（   ）
4. A：那个演员真漂亮！
   B：（   ）
5. A：四川菜辣死了。
   B：（   ）
6. A：你不是看过那部电影吗？怎么还要看呀？
   B：（   ）
7. A：新疆的西瓜比我们这儿的甜。
   B：（   ）
8. A：你不是说今天陪我去游泳吗？怎么又改变主意了呢？
   B：（   ）
9. A：苦瓜太难吃了！
   B：（   ）

二、用"是……的"强调

"是……的"也用来强调，被强调的成分放在"是"后面。例如：

① 妈妈**是**昨天来**的**，不是今天。
② 老刘**是**坐车去**的**。
③ 你们**是**来学习汉语**的**，不是来玩的。

（一）"是……的"中被强调的成分

"是……的"中被强调的成分可以是名词（短语）、代词、动词（短语）、介词短语等。例如：

① 这块手表**是妈妈给的**。（强调名词"妈妈"）
② **是他**告诉我**的**。（强调代词"他"）
③ 我们**是走着来的**。（强调动词短语"走着"）
④ 他们**是在大学食堂**吃**的**饭。（强调介词短语"在大学食堂"）

被强调的可以是人物、时间、处所，也可以是方式、工具、目的等。例如：

① 口语**是刘老师**教**的**。（"刘老师"是人物）
② 他们**是去年来的**。（"去年"是时间）
③ 我们**是在北大学的**汉语。（"在北大"是处所）
④ 老师**是站着讲的**课。（"站着"是方式）
⑤ 妈妈**是用刀切的**西瓜。（"刀"是工具）
⑥ 爸爸**是来旅游的**。（"来旅游"是目的）

（二）"是……的"中的谓语动词

"是……的"句表示已经发生的行为动作或情况，没有发生的行为动作或情况不能用"是……的"来强调。句中的谓语动词不能带动态助词。

"是……的"句中的谓语动词后面不能带"了"，也不能带"过"或"着"。下面的说法都是错误的：

① *我是昨天游**了**的泳。（我是昨天游的泳。）
② *妹妹是前年去**过**的中国。（妹妹是前年去的中国。）

（三）"是……的"的否定

"是……的"的否定是在"是"前面加上"不"。例如：

① 口语是刘老师教的。→口语**不**是刘老师教的。

② 他们是去年来的。→他们**不**是去年来的。

(四)"是……的"中"的"的位置

1. "是……的"中的"的"一般放在谓语动词后面。例如：

① 我们是在这儿**吃的**饭。
② 是昨天**下的**雪。

2. 宾语是人称代词时，"的"一般放在宾语后面。例如：

① 是他们先打**我的**。
② 钱是李老师借**我们的**。

3. 谓语为"动词＋趋向补语＋宾语"，"宾语"表示处所时，"的"放在句末。例如：

① 衣服是妈妈**寄回美国去的**。
② 汽车是昨天**开回家的**。

(五)"是……的"中的重音

"是……的"中的重音一般在"是"后面被强调的成分上。例如：

① 今天是'**爸爸**做的饭。
② 我们是'**上个星期**考的试。
③ 大家是'**走着**来的。

但是如果强调的是宾语，那么重音在宾语上。例如：

① 前天是下的'**雪**。
② 我是看的'**电影**。

(六)"是……的"的省略

"是……的"中的"是"口语中经常省略。例如：

① 语法（是）周老师教的。
② 爸爸（是）开车去的。

但是否定句中的"是"不能省略。

练习

一、用"是……的"完成对话,注意"的"的位置。

1. A:你在哪儿学的汉语?
   B:(   )
2. A:听说你前年去过美国。
   B:(   )
3. A:你昨天在哪儿看了那部电影?
   B:(   )
4. A:听说刘老师教过你口语。
   B:(   )
5. A:他刚才用中文打电话了?
   B:(   )
6. A:你们什么时候到北京的?
   B:(   )
7. A:我86年就毕业了,你呢?
   B:(   )
8. A:她妈妈来中国做什么?是学习汉语吗?
   B:(   )
9. A:你们两个在哪儿认识的?
   B:(   )
10. A:你怎么知道这件事?
    B:(   )

二、下面句子中都缺少"的",请判断"的"应该放在A、B、C或D哪个位置上。

1. 同学们是骑A自行车去B天安门C。

2. 一班是星期二考A汉字B。
3. 这块手表是哥哥送给A我B。
4. 拼音是在家听A广播B自己C学D。
5. 手机是从这儿掉进A河里B去C。
6. 我们是走着A去B颐和园C。
7. 昨天他是在家睡A觉B。
8. 姐姐是1982年10月结A婚B。
9. 我是跟一个朋友一起去A上海B。
10. 是刘老师通知大家后天不上A课B。

三、用"就"强调

　　副词"就"也经常用来强调，而且可以表示不同的意义。"就"的强调用法主要有两种，一是强调范围或数量，一是强调态度坚决。例如：

　　① 我**就**学了一个月汉语。（"就"强调数量"一个月"）
　　② 我说了很多次，他**就**不听。（"就"强调"不听"，表示态度坚决。）

（一）"就"强调范围或数量

　　"就"强调范围或数量，突出"少"，意思相当于"只"。既可以用来强调主语，也可以用来强调宾语中的数量，还可以用来强调补语和谓语动词。例如：

　　① 大家都去了，**就**你没去。（"就"强调主语"你"）
　　② 大家**就**睡了一个小时的觉。（"就"强调宾语中的"一个小时"）
　　③ 昨天**就**吃了两顿。（"就"强调补语"两顿"）
　　④ 你**就**会吃。（"就"强调谓语动词"会吃"）

（二）"就"强调态度坚决

　　强调态度坚决的"就"用在谓词性成分前面，即"主语＋就＋谓词性成分"，"就"后面的谓词性成分可以是肯定形式，也可以是否定形式。例如：

① 你不让我看，我**就**看！ （"就"强调"看"）
② 妈妈让弟弟睡觉，弟弟**就**不睡。 （"就"强调"不睡"）

(三) 表示强调的"就"所在句子的重音

表示强调的"就"所在句子的重音一般在"就"上。例如：

① '**就**上个学期很忙。
② 我'**就**不告诉你。

如果谓词性成分为"动词＋数量（名）"，除了"就"要重读以外，"数量（名）"一般也要重读。例如：

① 这个月'**就**休息了'一天。
② 汉语我'**就会**'一点儿。

练习

用表示强调的"就"完成对话。

1. A：我叫你几遍了，怎么还不起床呀？
   B：（   ）
2. A：去商店买点儿方便面！
   B：（   ）！要去你自己去！
3. A：把书借给我看看。
   B：（   ）！你上次借的书还没还给我呢！
4. A：我快饿死了，快做饭吧！
   B：（   ）！饿就自己做！
5. A：你出去，我们要商量点儿事！
   B：（   ）！这教室也不是你们的！
6. A：昨天晚上睡了几个小时觉？
   B：（   ），所以现在很困。

7. A：这个星期你有空儿吗？我们一起去长城怎么样？
   B：很抱歉！（　　　　　　　　　　　），下个星期怎么样？
8. A：我们班谁会打乒乓球？
   B：（　　　　　　　　　　　　　　　），其他人都不会。
9. A：这个学期考了几次？
   B：（　　　　　　　　　　　　　　　）
10. A：带钱了吗？借我一百块怎么样？
    B：真对不起！（　　　　　　　　　　　　）

四、用"连……都/也……"强调

"连……都/也……"也表示强调。例如：

① **连**孩子**都/也**知道这个道理。
② 来北京一年了，他**连**颐和园**都/也**没去过。
③ 爸爸太忙了，**连**星期天**都/也**不休息。

（一）"连……都/也……"中被强调的成分

"连……都/也……"既可以强调名词（短语）、代词、数量（名），也可以强调动词。例如：

① 来中国以前，我连**烤鸭**都/也没听说过。（强调名词"烤鸭"）
② 这道题太难了，连**他**都/也不会。（强调代词"他"）
③ 作业连**一个字**都/也没写。（强调数量名"一个字"）

（二）"连……都/也……"中的重音

"连……都/也……"中"连"后面的名词（短语）、代词、数量（名）、动词一般要重读。例如：

① 弟弟五岁了，连'**衣服**都/也不会穿。
② 你太不讲卫生，苹果连'**洗**都/也不洗就吃。

（三）"连……都/也……"的省略

"连……都/也……"的"连"口语中经常省略。例如：

① 他们（连）火车都/也没坐过，更不用说飞机了。
② 这个学期非常忙，（连）一次电影都/也没看过。

练习

用"连……都/也……"完成对话。

1. A：这个字你认识吗？
   B：这个字很难，（   ）
2. A：最近忙不忙？
   B：（   ）
3. A：（   ）？
   B：没关系，我身体好，不会拉肚子的！
4. A：你怎么没有精神呀？不舒服吗？
   B：昨天晚上复习，（   ）
5. A：这种汽车不错，你买一辆吧！
   B：（   ），哪里买得起汽车？
6. A：再给你要一瓶啤酒吧。
   B：别要了，（   ）
7. A：借我一点儿钱吧。
   B：（   ）
8. A：你男朋友从中国回来，给你带什么礼物了？
   B：（   ），太抠门了！
9. A：这个箱子二十公斤，我拿不动。
   B：（   ），你也太没劲了！
10. A：明天考试，（   ）？
    B：我都会，不用复习。

五、用"一+量词+（名词）+都/也+谓词性成分"强调

这种句式也表示强调，相当于"连……都/也……"中的"连"省

略。例如：

① 他学习非常努力，**一次假都**/也没请过。
② 刚来中国的时候，我**一个人都**/也不认识。
③ 弟弟回国的时候，**一件礼物都**/也没买。

(一) "一+量词+（名词）+都/也+谓词性成分"的"谓词性成分"

"一＋量词＋（名词）＋都/也＋谓词性成分"的"谓词性成分"都是否定形式。例如：

① 我刚学汉语的时候，一个汉字都/也**不认识**。
② 虽然她有钱，但是一件漂亮的衣服都/也**没有**。
③ 汉语我一点儿都/也**不会**，我说英语吧。

(二) "一+量词+（名词）+都/也+谓词性成分"中的重音

"一＋量词＋（名词）＋都/也＋谓词性成分"的"一＋量词"要重读。例如：

① ˈ**一本词典都**/也没有。
② 颐和园我ˈ**一次都**/也没去过。

用 "一＋量词＋（名词）＋都/也+谓词性成分" 回答问题。

1. 这个学期你迟到过吗？
2. 第二课的生词都记住了吗？
3. 这些地方都去过吗？
4. 这些菜你都吃过吗？
5. 你们看过中国电影吗？
6. 你带钱了吗？
7. 你有漂亮衣服吗？
8. 今天你抽烟了吗？

9. 你和同屋吵过架吗？

10. 你做过饭吗？

六、用"非……（不可）"强调

"非……（不可）"也用来强调。例如：

① 我非去不可。

② 他非要跟我一起玩。

(一) "非……（不可）"中被强调的成分

"非……（不可）"强调态度坚决，"非"放在谓词性成分前面，即"非"强调的是谓词性成分。例如：

① 你不让我喝，我非喝不可。（"非喝不可"强调"喝"）

② 他非今天去不可，我也没办法。（"非今天去不可"强调"今天去"）

(二) "非……（不可）"中的省略

口语中，"不可"常常省略。例如：

① 我不让弟弟买，他非买（不可）。

② 我非告诉妈妈(不可)。

七、用反问强调

反问句也表示强调。例如：

① 你不知道这件事？

② 他不会洗衣服？

(一) 反问句表示的意思

反问句肯定形式表示否定的意思，否定形式则表示肯定的意思。例如：

① 今天怎么行？（意思为"今天不行"）

② 他们怎么不知道？（意思为"他们知道"）

③ 教室里有这么热吗？（意思为"教室里没这么热"）

（二）反问句的使用情况

反问句是用反问形式表示强调，因此反问句带有强烈的质问或怀疑色彩。例如：

① 考试题目老师告诉你们了？

② 他在中国住了一年，难道不会说汉语吗？

例①的"考试题目老师告诉你们了？"带有怀疑色彩，表示"考试题目老师不可能告诉你们"。例②的"难道不会说汉语吗？"含有质问色彩，意思为"应该会说汉语"。

详细情况参见第五章第一节一（二）5（P.162）。

用反问句完成对话。

1. A：这个星期我都没抽烟。
   B：（　　　　　　　　　　）？昨天我还看见你抽了。

2. A：北京真冷！
   B：（　　　　　　　　　　）？比东北暖和多了。

3. A：这件衣服五千块钱一点儿都不贵。
   B：（　　　　　　　　　　）？你是大款吧？

4. A：师傅，前面有点儿长，再剪一点儿吧！
   B：（　　　　　　　　　　）？再短就不好看了。

5. A：老师，您说话有点儿快，能不能慢点儿？
   B：（　　　　　　　　）？我还是第一次听人说我说话快！

6. A：他的学费到现在也没交。
   B：（　　　　　　　　　　　　）？不可能！

7. A：你真能喝！
   B：（　　　　　　　　　　　　）？比你差远了！

8. A：师傅，这个菜太咸了！

　　　　B：（　　　　　　　　　　　　　　　　　　　　　　　）？不会吧？
9. A：小姐，给我们来二十瓶啤酒！
　　　　B：我们只有两个人，（　　　　　　　　　　　　　　）？
10. A：天气预报说，下午有雨，把伞带上吧。
　　　　B：天气这么好，（　　　　　　　　　　　　　　　　）？

八、用双重否定强调

双重否定也表示强调。例如：

① 他明天**不**会**不**来。（他明天一定来）
② 你**不**能**不**去。（你一定要去）

双重否定格式主要有如下两种。

（一）"主语＋不＋能愿动词＋不/没（有）＋谓词性成分"，表示"一定"、"只能"、"应该"等意思。例如：

① 作业**不**能**不**交。（强调"作业一定要交"）
② 上课**不**能**没有**书。（强调"上课一定要有书"）
③ 我的学费**不**会**没**交。（强调"我的学费应该交了"）

（二）"(主语)＋没有＋数量（名）＋不/没（有）＋谓词性成分"，表示"(每＋量词＋（名词))＋都＋谓词性成分"等意思。例如：

① **没有**一个人**没**去过。（强调"每个人都去过"）
② 他**没有**一天**不**迟到。（强调"他每天都迟到"）

九、通过易位强调

口语中常常用易位的方式来强调。例如：

① 走了，他。
② 不错，说得！

例①把主语"他"放在句子后面，以此强调、突出谓语"走了"；例②把补语"不错"放在句子前面，来突出、强调补语"不错"。

口语中的易位句很多，主要有以下几种。

（一）主语和谓语易位。例如：

① 我们找过一次。→**找过一次**，我们。（强调"找过一次"）
② 今天很热。→**很热**，今天。（强调"很热"）

（二）状语和"(主语)＋谓语"易位。例如：

① 别再碰着了！→**别碰着了**，再！（强调"别碰着了"）
② 昨天大概来了三个人。→**昨天来了三个人**，大概。（强调"昨天来了三个人"）

（三）连动句、兼语句的前半段和后半段易位。例如：

① 爸爸让你赶快回去。→**赶快回去**，爸爸让你！（强调"赶快回去"）
② 他们坐车去公园了。→**去公园了**，他们坐车。（强调"去公园了"）

（四）情态补语和"主语＋动词＋得"易位。例如：

① 他唱得好不好？→**好不好**，他唱得？（强调情态补语"好不好"）
② 妈妈气得一天没吃饭。→**一天没吃饭**，妈妈气得！（强调情态补语"一天没吃饭"）

练习

仿照例子，把下面的句子变成易位句。

　　例：1. 我去上海。→去上海，我。
　　　　2. 又下雨了？→下雨了，又？

　1. 咱们吃饺子吧。→

2. 这个汉字真够难的。→
3. 那种事不能干。→
4. 外边在刮大风。→
5. 刘老师大概有三十多岁。→
6. 怎么又停电了？→
7. 别把钱都花光了。→
8. 把她急得一夜没睡好。→
9. 朋友请我去他家做客。→
10. 她用左手打网球。→

第四节 称 谓 法

汉语的称呼主要有三类：姓名类、身份类、亲属类。

一、姓名类

姓名类称呼主要有以下几种。

（一）"姓+名"。例如：

刘文学　　王志刚　　张春丽　　李月

这种称呼经常用于有一定社会关系的同龄人或年龄相仿的人之间，像学校里的同学之间、单位的同事之间等。

（二）"名"。例如：

文学　　志刚　　春丽

这类称呼省去了"姓"，带有亲切的色彩，一般用于朋友、同事之间，有时也用于有权势的一方，像老师称呼学生，家长称呼孩子，上司称呼下属等。

(三)"老/小＋姓"。例如：

老王　　老刘　　小叶　　小张

"老＋姓"常常用于年龄相仿的熟人之间，"小＋姓"常常用于年长一方称呼年幼的一方。

(四)"小名"。例如：

红红　　明明　　星星　　月月

这类称呼被称呼的对象常常为儿童。

二、身份类

身份类称呼主要有以下几种。

(一) "姓＋职务"。例如：

刘校长　　张院长　　李局（长）　　叶总（经理）

这类称呼既可以用于正式场合，也可以用于非正式场合；既可以用于熟人之间，也可以用于陌生人之间。

(二) "姓＋职称"。例如：

李教授　　张研究员　　刘工（程师）

这种称呼用来称呼从事研究或与研究相关工作的人。

(三) "姓＋职业"。例如：

刘老师　　张大夫

这种称呼一般只限于"老师"和"医生"两种职业，其他职业，像工人、农民等不能用这种称呼。

三、亲属类

中国人常常用亲属称谓来称呼非亲属的熟人或陌生人，像"大爷、大妈、大哥、大姐、阿姨"等。例如：

① **大爷**，请问王府井怎么走？
② **大妈**，您能帮我一下忙吗？

用亲属称谓称呼陌生人时，一般表示尊敬或客气。正式场合一般不用亲属称谓。

四、社交类

这种称谓常见的有"先生、小姐、夫人、太太、女士"等，一般可以直接用来称呼对方，也可以在前面冠上对方的姓来称呼对方。例如：

① **先生**，请给我一个杯子。
② 这是你**夫人**吗？
③ 您是刘**女士**吗？

在下面句子中的括号内填上适当的称呼。

1. （　　　　），我有个问题，您能给我讲讲吗？
2. （　　　　），他牙疼，您给他看看。
3. 刘明人：他姓张，是这个大学的教授。
   张刚：（　　　　），您好！认识您非常荣幸！
4. 孩子：（　　　　），您什么时候到的？
   奶奶：刚到一会儿，你放学了？
5. 学生：（　　　　），我去机场接人，您去吗？
   司机：走吧！
6. 孩子：（　　　　），您知道105路公共汽车站在哪儿吗？
   男性老人：往前走100米就到了。
7. 学生：（　　　　），跟你打听一个事可以吗？
   中年女性：什么事？
8. 学生：（　　　　），可以告诉我什么时候放假吗？

主任：下星期一就通知大家。
9. 青年人：（　　　　），您今年多大年纪？
    男性老人：七十八岁啦。
10. 老师：（　　　　），作业交了吗？
    张刚：对不起，忘了带了。

第五节　委婉表达法

委婉就是不要直说，即通过比较缓和或曲折的方式来表达意见或看法，一般而言，这是出于礼貌等需要。

汉语委婉表达方法归纳起来不外乎两种：一种是婉辞，即委婉的词语；另一种是句子，即用一些固定格式来表达委婉的说法。

一、婉辞

婉辞就是委婉的词语。汉语中的婉辞很多，主要有性和排泄方面的、身体健康方面的、死亡以及不良社会现象方面的等。

(一) 性和排泄方面的

性和排泄方面的婉辞非常多，有些是词，有些是短语，像"放气、跑肚、内急、同房、发生了关系、有了、出去一下、方便一下、倒霉"等。例如：

① 我**内急**，你等一会儿！（"内急"指有小便或大便）
② 他们没有结婚就**同房**了。（"同房"指做爱）
③ 你爱人**有了**你都不知道？（"有了"表示怀孕了）
④ 停一下车，他要**方便一下**。（"方便一下"指去厕所或大小便）
⑤ 她今天**倒霉**了，不能来上课。（"倒霉"指来月经）

(二) 身体健康方面的

身体健康方面的婉辞常用的有"发福、谢顶、腿脚不方便、失明、失聪、重听、耳背、不适、欠安"等等。例如：

① 爸爸**发福**了。（"发福"表示胖）
② 刘老师有些**谢顶**了。（"谢顶"表示秃顶）
③ 老人**腿脚不方便**，你们帮他一下。（"腿脚不方便"指瘸或拐等）
④ 她已经**失明**多年了。（"失明"表示眼睛瞎了）
⑤ 爷爷**失聪**了，听不见别人说话。（"失聪"表示耳朵聋了）
⑥ 他最近身体有些**不适**。（"不适"表示身体不太好）

(三) 死亡方面的

汉语死亡方面的婉辞非常多，不同的人，不同的原因，常常使用不同的婉辞，像"去世、过世、逝世、殉国、殉职、牺牲、去见马克思"等，适用对象或场合都不同。例如：

① 他爷爷已经**去世**了。（"去世"用于一般人）
② 贝多芬什么时候**逝世**的？（"逝世"用于重要人物）
③ 有一个警察在救火时以身**殉职**了。（"殉职"用于为工作而献身的人）
④ 不少战士就是在那次战斗中**牺牲**的。（"牺牲"用于为了正义目的舍弃生命的人）
⑤ 共产党人不怕**去见马克思**。（"去见马克思"用于共产主义者）

(四) 不良社会现象方面的

不良社会现象方面也有不少婉辞，像"三只手"、"手脚不干净"指小偷，"进去"、"进宫"、"进局子"指被警察抓起来了或进监狱，"失足"指犯罪，"失足青少年"指犯罪青少年，"瘾君子"指吸毒者，"第三者"指男女情人，"二奶"指情妇，"吃豆腐"指对女性进行性骚扰等，"收红包"指受贿。例如：

① 他**手脚不干净**，我不想跟他住在一个宿舍里。

② 听说他弟弟**进去**过。
③ 小刘以前**失过足**。
④ 不能歧视**失足少年**！

练习

说出下面句子中带线词语的意思。
1. 你们慢慢吃，我出去方便一下。
2. 他内急，我们等他一下。
3. 老大爷耳背，你得大声跟他说话。
4. 毛泽东是一九七六年逝世的。
5. 现在人们的压力越来越大，所以很多人年纪轻轻就开始谢顶了。
6. 不知道那家伙这次是几进宫了。
7. 坐公共汽车的时候小心"三只手"。
8. 据说是"第三者"破坏了他的家庭。
9. 大夫收红包的现象基本上没有了。
10. 咱们老板爱"吃豆腐"，你小心点儿！

二、表示委婉的句子

（一）用否定方式表示委婉

汉语常常用否定方式来表示委婉，这种表达方法主要有"不大……"、"不太……"、"不那么……"、"不怎么……"、"不是很……"、"不是特别……"等。

① 要做到这一点儿**不大容易**。
② 这么说话**不太礼貌**。
③ 西瓜**不那么甜**。

例①的"不大容易"实际上是"不容易"，例②的"不太礼貌"就是

"不礼貌",例③的"不那么甜"事实上就是"不甜",但是用"不大"、"不太"、"不那么"以后,显得委婉一些。

(二)用疑问方式表示委婉

疑问方式也可以表达委婉的意思。例如:

① 你上次比赛输了,**是不是**?
② 你们没有复习,**是不是**?

例①"你上次比赛输了,是不是?"实际上就是"你上次比赛输了",但前者比后者要委婉一些。例②的"你们没有复习,是不是?"实际上就是"你们没有复习",前者也比后者委婉。

用疑问方式表示委婉主要有两种情况。

1. "主语+谓语,是不是/是吗/是吧?"。例如:

① 借的钱到现在还没还,你忘了,**是不是**?
② 你弟弟比你学习好,**是吧**?

例①是正反疑问句,实际上带有明显的倾向性,即"你忘了",用正反问显得不那么武断,比直说要委婉得多。例②也是正反疑问句,同样带有倾向性,即"你弟弟比你学习好",与直接说"你弟弟比你学习好"相比,显得比较委婉。

2. "主语+谓语,好不好/行不行/可(以)不可以/成不成?"。例如:

① 今天去,**好不好**?
② 我都吃了,**行不行**?
③ 大家一起玩,**可(以)不可以**?
④ 借你的自行车用一下,**成不成**?

例①是正反疑问句,但是有表示肯定的倾向,即意思为"今天去",与"今天去"不同的是,"今天去,好不好?"比较委婉,留有商量的余地。例②也是正反疑问句,同样有表示肯定的倾向,即"我都吃了",与这种说法相比,"我都吃了,行不行?"显得比较委婉。例③、例④情况相同。

附录 1

参考答案

第一章

第一节三
下面句子中的括号内哪些可以填上"们",哪些不能?
1. 不能　2. 能　3. 能　4. 不能　5. 不能、能　6. 不能　7. 不能　8. 能　9. 不能　10. 能

第一节五
下面句子中的括号内哪些可以填上"的",哪些不能?
1. 不能　2. 能　3. 不能　4. 不能　5. 能　6. 不能　7. 能　8. 不能　9. 能　10. 能

第二节一
仿照例子给下面的动词加上宾语。
借—借他一块钱　租—租我一套房子　卖—卖他两本书　送—送妈妈一件礼物　问—问老师一个问题　教—教我们一些汉字　告诉—告诉大家一件事　还—还她一本书

第二节三
一、下面的词语哪些可以重叠,哪些不能重叠;能重叠的,请写出重叠式。
支持支持　站站　洗洗澡　走走　表示表示　跑跑　打打闹闹
二、判断正误,如有错误,请改正。
1. 对　2. 错:你去过上海,给我介绍介绍情况。　3. 对　4. 对　5. 对　6. 对　7. 错:洗洗手吃饭吧!　8. 对　9. 对　10. 对

第二节四
用指定的词语完成对话。
1. B:认识,我们以前见过面。　2. B:我跟朋友聊了一晚上的天。　3. B:我跟她分手了。　4. A:昨天晚上你睡了几个小时觉?　5. A:妈妈生谁的气呢?

275

6．你别开我的玩笑了！　7．A：昨天晚上你没回来睡觉，我们都替你担心！
8．你跟她结婚了？　9．你和同屋吵过架吗？　10．A：我的行李太多，你能帮一下忙吗？

第二节五

用"能"、"可以"、"会"填空。

1．能　2．能/会　3．能/可以　4．可以　5．会　6．能　7．能　8．可以/能
9．会　10．会、会

第三节三

下面的词哪些可以重叠，哪些不能重叠；能重叠的，请写出重叠式。

认认真真　大大　干干净净　胖胖　瘦瘦　痛痛快快　快快乐乐　远远　高高　平平安安　长长　短短　红红　白白

第三节五

下面句子中的括号内哪些可以填上"地"，哪些不能。

1．不能　2．能　3．能　4．能　5．能　6．不能　7．能　8．能　9．能　10．能

第四节三

仿照例子，用指定的词语完成句子。

1．谁想去，谁就去。　2．什么便宜，就买什么。　3．怎么做好吃，就怎么做。　4．他能喝多少，就喝多少吧。　5．哪儿离学校近，我们就去哪儿。
6．大家想买什么，就买什么。　7．你喜欢谁，就跟谁结婚。　8．你们想去哪儿，就去哪儿。　9．大家需要多长时间，就给多长时间。　10．什么时候想去，我就什么时候跟你一起去。

第五节一

一、写出下面的数字。

十八（18）　一百一（110）　二百五（250）　三点一四（3.14）　一千六（1600）
八万二（82000）　三十六万零一（360001）　五百零九（509）　两千三百二十（2320）
百分之零点一（0.1%）　零点五万（0.5万）

二、用"二"和"两"填空。

1．两　2．两/二　3．两　4．两　5．两/二、二　6．两　7．两、两　8．两/二
9．两　10．二

三、判断"多"和"来"应该放在A、B或C哪个位置上。

1．A　2．A　3．B　4．B　5．A　6．A　7．B　8．B　9．A　10．A

第六节二

在下面句子中的括号内填上适当的量词。

1．个/家　2．双　3．个/家　4．条　5．件　6．趟/次　7．把　8．块　9．双/根/副　10．首/遍/次　11．次/趟　12．场/阵　13．篇　14．支/枝　15．位/个

第二章

第一节三
判断括号中的副词应该放在A、B或C哪个位置上。
1．A/B　2．A/B　3．A　4．A　5．B　6．C　7．B　8．A/B　9．A/B　10．A/B

第一节五
把下面的词语组成句子，注意多项状语的顺序。
1．你到底不想去哪儿？　2．他大概早回国了。　3．作业没有认真做。　4．带的钱已经都花完了。/带的钱都已经花完了。　5．这么做很不好。　6．这些字我们都不会写。　7．语法几乎全忘了。　8．灯怎么又忽然灭了？　9．大家再好好商量一下。　10．课文也全都复习了一遍。

第一节六
用"还"、"又"、"再"完成对话。
1．A：几年没见，你还这么年轻。　2．B：还没回来/刚回来又走了。　3．B：上个星期一听写了，怎么今天又听写？　4．A：时间过得真快，又要放假了。　5．B：再忙也得休息呀！　6．A：这儿太美了，明年我想再来一次。　7．A：还要点儿什么？　8．A：昨天迟到了，今天怎么又迟到了？　9．B：很好看，我想再看一次。　10．A：老师，这个问题我还不太懂，您能再讲一遍吗？

第二节一
在下面句子中的括号内填上适当的介词。
1．对　2．关于　3．为了　4．往　5．为　6．对/对于　7．对/对于　8．对　9．给　10．关于

第三节二
一、在下面句子中的括号内填上适当的连词。
1．虽然　2．虽然　3．只要　4．不管/无论/不论　5．如果/只要　6．可是/不过　7．即使/就是　8．于是　9．即使　10．如果/倘若/假如
二、判断括号中的连词应该放在A、B哪个位置上。
1．A/B　2．A/B　3．B　4．B　5．A/B　6．A　7．A/B　8．A　9．A/B　10．A/B

第四节一
用"的"、"地"、"得"填空。
1．的/得　2．得　3．得　4．地　5．的、的　6．的、的　7．得　8．的　9．的、的

10. 地

第四节二

一、把下面的词语组成句子，注意"了"的位置。
1. 吃了饭再去看电影吧。/看了电影再去吃饭吧。 2. 弟弟从房间搬出一把椅子来了。/弟弟从房间搬出来了一把椅子。/弟弟从房间搬了一把椅子出来。 3. 公司派他去了南方。/公司派他去南方了。 4. 他曾经请我们吃了一顿饭。/我们曾经请他吃了一顿饭。 5. 外边哗哗地下起了大雨。 6. 昨天去商店买了几件衣服。 7. 那个问题我们已经多次进行了研究。 8. 我们坐地铁来这儿吃了一次烤鸭。 9. 弟弟喝了两口水就出去玩了。 10. 有一道题忘了回答。

二、把下面的句子变成否定句。
1. 他手里没拿手机。 2. 昨天没买吃的。 3. 王老师没结过婚。 4. 教室里没亮灯。 5. 我们没见过面。 6. 别/不要在这儿站着！ 7. 我没想过这件事。 8. 哥哥上个星期没去上海。 9. 我没做过饭。 10. 你们别/不要等着我。

第四节三

用"吗"、"呢"、"吧"完成对话。
1. A：你是美国人吗/吧？ 2. A：那是图书馆吗/吧？ 3. A：你是李老师吗/吧？ 4. A：你知道银行在哪儿吗？ 5. A：他学过汉语吗/吧？ 6. A：弟弟到现在还没回来，去哪儿了呢？ 7. A：冷吗/吧？ 8. A：书包在这儿，你没看见吗？ 9. A：三瓶啤酒太多了吧？/三瓶啤酒多吗？ 10. A：一会儿说买，一会儿说不买，你到底买不买呢？

第三章

第二节一

用形容词完成对话。
1. B：汉语很有意思。 2. B：他学习很好。 3. B：明天很凉快。 4. B：我的发音不太好。 5. B：这个商店的东西很贵。 6. B：我不太忙。 7. B：这件衣服不好看。 8. B：那个菜也有点儿咸。 9. B：我同屋非常好。 10. B：我们的宿舍都很小。

第三节三

在下面句子中的括号内填上适当的宾语。
1. 讨论 2. 一百块钱 3. 一位客人 4. 这事不是她干的 5. 一些问题 6. 这么做 7. 今天去最好 8. 第二课 9. 一件毛衣 10. 一位朋友

第四章

第一节一

下面句子中的括号内哪些可以填上"的",哪些不能。

1. 哥哥参加了一个去中国（　）访问（的）代表团。
2. 她是一个十二三岁（的）汉族（　）小（　）姑娘。
3. 信封上写着（　）她（　）儿子（的）地址。
4. 这是一件关系学生（　）身体健康（的）大（　）事。
5. 老师为同学们提供了大量（　）很好（的）练习口语（的）机会。
6. 我（的）那（　）一本封皮上破了一点儿（的）词典丢了。
7. 冰箱里（　）我从超市买回来（的）那瓶酸奶喝了吗？
8. 上海是中国（　）最大（的）商业（　）城市。
9. 你们（　）自己（　）对这个问题（的）看法是什么？
10. 我已经告诉了你我们（的）学习（　）情况。

第一节二

把下面的词语组成句子，注意定语的顺序。

1. 我妈妈是一位一九六一参加工作的老教师。　2. 他把羊赶到开满鲜花的山坡草地上。　3. 那个做报告的穿蓝衣服的男同志是小李的爸爸。　4. 他们正在执行一项上级交给的艰巨任务。　5. 哥哥是一个英俊、诚实、有远大理想的青年。/哥哥是一个诚实、英俊、有远大理想的青年。　6. 这是一张从报纸上剪下来的彩色照片。/这一张彩色照片是从报纸上剪下来的。　7. 大家克服了很多难以想象的生活困难。　8. 左边往右数第二件红颜色大衣多少钱？　9. 她就是我想找的那个小姑娘。　10. 那间朝南的单人大房间已经有人预订了。

第二节一

下面句子中的括号内哪些能填上"地",哪些不能。

1. 我们非常（　）高兴（地）接受了邀请。
2. 孩子从座位上很快（地）站了起来。
3. 大家都特别（　）激动（地）唱了起来。
4. 这件事我确实（　）不知道。
5. 老师叫学生大声（地）认真（地）朗读课文。
6. 雪花大片大片（地）往下（　）落着。
7. 他一个字一个字（地）念给我们听。
8. 小李不高兴（地）走了。
9. 大家都在静静（地）等待着。
10. 我们连说带比画（地）讨论了起来。

第二节三

判断下面括号中的介词短语应该放在A、B哪个位置上。

1．B　2．A　3．B　4．B　5．B　6．B　7．A/B　8．B　9．B　10．A

第二节四

把下面的词语组成句子，注意状语的顺序。

1．李明已经安全地来到了北京。　2．那个人忽然从床上坐了起来。　3．哥哥高兴地从她手里很快抢过那封信。/她高兴地从哥哥手里很快抢过那封信。　4．妈妈不动声色地一封一封处理着信件。　5．哥哥从来也不乱花一分钱。　6．我们长期、无条件地、全心全意地支持大家搞创新。　7．他们到底在一起生活了多久？　8．孩子们手拉手兴高采烈地向公园走去。/孩子们兴高采烈地手拉手向公园走去。　9．北京到处都很容易看到新建的高楼大厦。　10．大家应该认真地、仔细地、耐心地检查一下。/大家应该仔细地、认真地、耐心地检查一下。/大家应该耐心地、认真地、仔细地检查一下。/大家应该耐心地、仔细地、认真地检查一下。

第三节一

在下面句子中的括号内填上适当的结果补语。

1．完/好/错　2．着　3．懂/明白　4．干净/完/好　5．哭　6．好/完　7．到/着　8．破　9．晚　10．住

第三节二

一、在下面句子中的括号内填上适当的趋向补语。

1．进来　2．上　3．上　4．起来　5．起来　6．过来　7．下来　8．下来　9．起来　10．下去

二、把下面的词语组成句子，注意宾语的位置。

1．他给孩子送去一些吃的。　2．请拿出一张纸来。/请拿出来一张纸。　3．风怎么忽然刮了起来?/风怎么忽然刮起来了？　4．服务员跑上楼去了。　5．相信你们能够创造出奇迹来。　6．飞机钻进云层中去了。　7．他说起话来没完没了。　8．请大家把皮扔进垃圾箱去。　9．大家静下心来好好考虑考虑。　10．老师走进教室去了。

第三节三

仿照例子，用带可能补语的短语完成对话。

1．B：这是最低价，便宜不了了。　2．B：吃得完。　3．B：到得了，你放心吧！　4．B：现在是春天，下不大。　5．B：我是学生，没有钱，买不起。　6．B：他很忙，见不着。　7．B：这个箱子太重，我拿不动，还是你来拿吧。　8．B：现在堵车，快不起来。　9．B：我没时间复习，可能考不好。　10．A：老师，您写的字有点儿小，我看不清楚。

第三节四

仿照例子，用带情态补语的短语完成对话。

1．B：写得不错。　2．B：会呀，我还包得非常快。　3．B：中午吃得太多，肚子不舒服。　4．A：这次台风真厉害，刮得树都倒了。　5．A：这个菜盐放得太多了，没法吃！　6．A：你说得太慢，能不能说快一点儿！　7．B：是，她气得三天没跟我说话。　8．A：我的同屋爱喝酒，一喝酒就醉，一醉就说个没完。　9．A：今天考完了，我们一定要玩个痛快。　10．A：看你美得！考了90分就这么高兴！

第三节五

在下面句子中的括号内填上适当的程度补语。

1．极　2．透　3．死/坏　4．远/多　5．多/极　6．透　7．极/死　8．慌/不行/不得了　9．坏/死　10．要命/不行

第三节六

判断括号中的数量补语应该放在A、B或C哪个位置上。

1．A/B　2．A　3．B　4．B　5．A　6．A　7．C　8．B　9．B　10．B

第四节三

用下面的独立成分填空。

1．你看　2．说真的　3．说真的/我看　4．算起来/不瞒你说　5．你想/你想想　6．据调查　7．不瞒你说　8．例如　9．我看　10．瞧

第五章

第一节一

一、把下面的句子变成带"吗"的疑问句。

1．他是美国人吗？　2．汉语难吗？　3．今天天气冷吗？　4．你妈妈去过北京吗？　5．你们都学过汉语吗？　6．大家的汉语水平提高了吗？　7．啤酒他都喝光了吗？　8．昨天晚上八点就睡了吗？　9．他的作业交给老师了吗？　10．下星期二上午有考试吗？

二、仿照例子，就下面句子中画线的部分提问。

例：他是我们老师。→谁是我们老师？

1．今天晚上去吃什么？　2．他喝了几瓶啤酒？　3．弟弟睡了多长时间觉？　4．这是谁的汉语词典？　5．你们住在什么地方/哪儿？　6．颐和园在北京的哪边？　7．大家怎么去看电影？　8．你什么时候回国？　9．把椅子往哪儿/哪边挪一下？　10．你买了一张哪国的地图？

三、请说出下面画线问句的意思

1．你没见过我。　2．饺子好吃。　3．这儿漂亮。　4．你不是我们的老师。　5．他不累。　6．这件衣服不便宜。　7．昨天晚上你喝醉了。　8．他喜欢你。　9．王老师结婚了。　10．衣服没洗干净。

第一节二
一、仿照例子，把两个句子变成一句话。
1．今天天气很热。　2．后天我们考试。/我们后天考试。　3．这本书内容很难。　4．衣服领子脏了。　5．那个商店星期天有活动。/星期天那个商店有活动。　6．弟弟性格有点儿内向。　7．那个教室我们上自习。　8．花妈妈浇水了。　9．那个大学校园非常漂亮。　10．我们在一起吃饭的事他忘了。

二、判断括号中的词语应该放在A、B哪个位置上。
1．A　2．B　3．A/B　4．B　5．B　6．B　7．A　8．B　9．B　10．A/B

第二节一
仿照例子，把下面的句子改成"A是A"句。
1．你想看的那本书我有是有，只是现在不在我手头上，朋友借去看了。　2．老张来过是来过，可是你要的东西他没有给你带来。　3．那一课老师讲过是讲过，但是讲得不够详细。　4．这些词语他们学过是学过，时间长了，忘了怎么用了。　5．那个讲座我们听是听了，可没听懂。　6．这孩子有头脑是很有头脑，只是太骄傲。　7．哥哥写得慢是很慢，不过写得很漂亮。　8．那篇文章短是很短，却很有意思。　9．北京的冬天冷是有些冷，不过也不是人们想象的那么冷。　10．这种布贵是有点儿贵，可是非常结实。

第二节三
在下面句子中的括号内填上适当的宾语。
1．一位客人　2．两个人　3．一家商店　4．一本书　5．一架飞机　6．几个字　7．一件衣服　8．几本书　9．一个学生　10．一朵花

第二节四
把下面的词语组成句子，注意"在+宾语"的位置。
1．别在这儿站着！　2．灯安在这儿吧！　3．笔在你手里拿着呢！　4．一定要把钱包放在里面的口袋里。　5．别把帽子戴在头上！　6．不要把脏衣服扔在床上。　7．我不喜欢在火车上吃饭。　8．请在这儿写上自己的名字。　9．你怎么在沙发上躺着看书？　10．大家都把钱存在银行里。

第二节五
判断括号中的"给+宾语"应该放在A、B哪个位置上
1．A　2．A　3．A　4．B　5．B　6．A　7．B　8．B　9．B　10．B

第二节六
一、用"把"字句完成对话。
1．B：那我把窗户打开吧。　2．B：把嘴张开，让我看看。　3．B：弟弟把苹果都吃

了。 4．B：他把你的书包拿走了。 5．A：这儿不能停车，把车停在那儿吧。 6．B：我把它收起来了。 7．A：把醋递给我，我喜欢吃醋。 8．B：我把时间记错了，我以为是今天考试呢！ 9．A：下午有雨，把伞带上。 10．B：把它放在我的书包里了。

二、把下面的句子变成否定句。

1．你别/不要把头抬起来！ 2．大家没把作业交给老师。 3．那个孩子没把足球拿走。 4．别/不要把窗户关上！ 5．弟弟没把相机弄坏。 6．别/不要把洗好的衣服晾出去！ 7．妈妈没把钱放在抽屉里。 8．我们没把这个问题弄清楚。 9．明天别/不要把电脑带过来。 10．他没把那瓶水喝完。

三、下面的句子是否正确，如不正确，请改正。

1．我在食堂里吃饺子。 2．老师把教室里的灯打开了。 3．走的时候，同学们没把窗户关上。 4．这么多东西大家吃不完。 5．警察把那辆自行车找到了。 6．请你不要把这件事告诉他。 7．今天作业不多，我们能把作业做完。 8．上课的时候，他经常把我们逗笑了。 9．这个星期有很多考试，把我累坏了。 10．妈妈把弟弟哄着睡着了。

第二节七

一、把下面的词语组成句子。

1．学校的建议被同学们接受了/同学们的建议被学校接受了。 2．地图可能被弟弟拿去了。 3．我们不会被那个人吓住的。 4．气球让孩子们全弄破了。/气球全让孩子们弄破了。 5．衣服被刀拉了一道大口子。 6．我差点儿没被他气死。/他差点儿没被我气死。 7．湖里的水都被冻住了。 8．那么多饺子让他一天就吃完了。 9．大树被台风吹得东倒西歪。 10．电影票可能早被卖光了。

二、仿照例子，把下面的句子变成"被"字句。

1．衣服被/让/叫我洗干净了。 2．书的封皮被撕破了。 3．啤酒都被/叫/让大家喝了。 4．那件事早被/叫/让我忘了。 5．昨天喝酒喝醉了的事被/叫/让弟弟说出去了。 6．打印机被/叫/让哥哥修好了。 7．房间的钥匙被落在教室里了。 8．那箱子书被送给别人了。 9．这个包裹被/叫/让谁打开了。 10．一些大树被/叫/让台风刮倒了。

三．用"被"、"叫"、"让"填空

1．被 2．被/叫/让 3．被/叫/让 4．被 5．被 6．被/叫/让 7．被 8．被/叫/让 9．被 10．被/叫/让

第六章

第二节七

一、在下面句子中的括号内填上适当的关联词语。

1. 就　2. 除非　3. 还是　4. 即使/就算　5. 也　6. 免得　7. 无论/不论/不管　8. 就　9. 否则　10. 宁可/宁愿

二、完成下面的复句。
1. 早点回去吧，要不你妈妈会着急的。　2. 抽烟不仅危害自己的身体健康，而且危害别人的健康。　3. 如果有手机，联系就方便了。　4. 虽然复习了，但是我全忘了。　5. 既然你不想去，那就算了吧。　6. 尽管跟她谈了半天，她还是不同意。/虽然跟她谈了半天，她还是不同意。　7. 我会陪我妈去长城看看，如果明天不下雨。　8. 如果/即使/就是今年去不了，明年还可以再去。　9. 除非你请我去，否则我不会去。　10. 不管/无论/不论什么时候，他都在图书馆学习。

三、下面的复句是否正确，如不正确，请改正。
1. 今天不仅很热，而且没有风。　2. 既然我们已经来了，那就再等一会儿吧。　3. 不管明天考不考试，晚上我都去看电影。　4. 不论好吃还是不好吃，都要吃一点儿。　5. 他起床晚了，所以就没来上课。　6. 那个学生不是迟到，就是不来上课。　7. 学校一放假，我们就去长城。　8. 昨天刮大风，所以没骑自行车。　9. 吃包子，还是吃饺子？　10. 因为没有钱，他不去旅游。/他不去旅游是因为没有钱。

第三节二

完成下面的紧缩复句。
1. 她一考试就紧张。　2. 这件衣服再贵也要买。　3. 不想去就别去。　4. 没看过就别瞎说。　5. 不吃不知道，原来烤鸭这么好吃。　6. 不试不知道，试了以后才知道包饺子这么麻烦。　7. 老师一讲就明白了。　8. 没有时间也要去。　9. 我的西瓜特别甜，不甜不要钱！　10. 怕苦就别学汉语，学了就认真点儿！

第四节二

判断括号中的关联词语应该放在A、B哪个位置上。
1. A/B　2. B　3. A/B　4. B　5. A/B　6. A/B　7. A　8. A/B　9. A/B　10. A

第七章

第一节三
给下面的句子排序。
(一) 3, 2, 1。　(二) 5, 3, 2, 4, 1。　(三) 2, 6, 4, 3, 1, 5。　(四) 2, 1, 3
(五) 1, 3, 4, 2。　(六) 2, 5, 3, 4, 1。　(七) 4, 2, 1, 5, 3。　(八) 4, 3, 2, 1。
(九) 1, 3, 2, 4。　(十) 3, 4, 2, 1。

第二节一
在下面句子中的括号内填上适当的关联词语。

1. 再　2. 然后　3. 如果　4. 也/还　5. 因为、无论　6. 先　7. 于是　8. 就是
9. 然后　10. 况且

第二节二

下面句子中带线的名词能否用代词代替。

1. 哥哥的样子很好笑，(他) 那白嫩的脸上挂着两滴泪。
2. 老爷爷身旁躺着一只大黄狗，(它) 张着嘴，伸着红红的、长长的舌头，在那儿睡觉。
3. 小花园坐落在南开大学的对面，(它) 一年四季都是美丽的，可我最爱它秋天迷人的景色。
4. 许多老人正在锻炼身体，(他们) 神采奕奕，满脸红光，在阳光下显得特别精神。
5. 孩子们也出来玩了，(他们) 像刚出笼的小鸟，快活极了。
6. 鸡兔的欢乐，吸引了正在院外游泳的鸭群，(它们) 从水坑里爬上来，甩掉身上的水珠，"呱呱"地叫着。
7. 黄果树瀑布位于贵州西部高原的白水河上，是我国的第一大瀑布，也是世界上著名的大瀑布。(它) 每年都吸引来不少中外学者和游客。
8. 尤其是那池中傲然而立的石柱，(它) 是从天上掉下来的？
9. 竹笋多么有力量呀！(它) 能冲破阻力，一往无前地向上生长。
10. 河边有很多妇女带着孩子在洗衣服。(她们) 一边洗，一边说笑。

第二节四

在下面句子中的括号内填上适当的时间连接成分。

1. 以后　2. 这时　3. 以前　4. 接着　5. 这时　6. 一会儿　7. 原来　8. 然后
9. 然后、过了一会儿　10. 最初

第二节六

下面句子中带线的名词能不能省略。

1. 爸爸为了找妈妈，(　) 把妈妈的同事家翻遍了，(　) 结果也没找到。
2. 猴子抓住这个机会，(　) 纵身一跳，(　) 跳到鳄鱼的背上，等鳄鱼还没来得及伸舌头，(　) 又纵身一跳，(　) 跳到了岸上。
3. 猴子最喜欢吃桃子，可是隔着河，(　) 无法到小岛上去。
4. 平平洗完澡，(　) 走到房间时，(　) 听见花床单对枕头和毛巾被说："伙伴们，快到床上来吧！"
5. 同学们都沉浸在一片欢乐之中，(　) 忘了腰酸腿疼，(　) 迅速登上了山顶。
6. 大黄狗不知所措，(　) 撒腿也往家里跑，(　) 边跑边叫。
7. 孩子们拍着手，(　) 高兴地叫着，(　) 跳着。

8. 太阳出来了，（　）赶走了黑暗，（　）给我们带来了光明、温暖和欢乐。
9. 王子抬起头，（　）向远处望了一眼，（　）用鞭子打了一下马，那匹马就向那边跑去了。
10. 人们簇拥着他，（　）给他戴上大红花，（　）对骑手表示祝贺。

第八章

第一节一

说出下面的时间。

1986年：yī-jiǔ-bā-liù年　　　　　1999年：yī-jiǔ-jiǔ-jiǔ年
1900年：yī-jiǔ-líng-líng年　　　2000年：èr-líng-líng-líng年/liǎng-qiān年
2001年：èr-líng-líng-yī年/liǎng-qiān-líng-yī年
2016年：èr-líng-yī-liù年　　　　2108年：èr-yī-líng-bā年
1966年8月15日：yī-jiǔ-liù-liù年bā月shí-wǔ日
2007年1月30日：èr-líng-líng-qī年yī月sān-shí日
2010年10月1日：èr-líng-yī-líng年shí月yī日
2006年12月2日星期六：èr-líng-líng-liù年shí-èr月èr日xīngqīliù
2007年2月3日星期日：èr-líng-líng-qī年èr月sān日xīngqīrì
2008年8月8日星期五：èr-líng-líng-bā年bā月bā日xīngqīwǔ

第一节二

一、说出下面的时间。

8:00　八点（整）　　9:12　九点十二（分）　　10:10　十点（过）十分　　9:30　九点半　　6:45　六点四十五/差一刻七点　　11:55　十一点五十五/差五分十二点　　12:05　十二点（零）五分　　17:15　十七点十五分/十七点一刻　　19:30　十九点半　　20:08　二十点（零）八（分）　　21:30　二十一点半　　22:45　二十二点四十五/差一刻二十三点　　22:59　二十二点五十九/差一分二十三点　　23:11　二十三点十一（分）

二、根据下表，说出大卫的作息时间：

起床	早饭	上课	午饭	午休	锻炼	辅导	晚饭	自习	睡觉
七点	七点二十	八点	十二点一刻/十二点十五	十二点五十/差十分十三点	十五点半	十六点四十五/十六点三刻/差一刻十七点	十九点二十	二十点半	二十三点二十五

第一节三

下表是大卫一个月的支出情况，请说出每项支出的钱数

项目	金额（元）	项目	金额（元）
交通费	bā-shí-bā块/元	伙食费	yì-qiān-líng-wǔ块/元
网费	wǔ-shí-wǔ块 wǔ/ wǔ-shí-wǔ-diǎn-wǔ元	邮费	shí-yī块 wǔ/shí-yī-diǎn-wǔ元
水电费	jiǔ-shí-jiǔ块 líng-bā分/ jiǔ-shí-jiǔ-diǎn-líng-bā元	电话费	èr-bǎi块/liǎng-bǎi块
手机费	yì-bǎi-líng-jiǔ块/元	旅费	yì-qiān-líng-wǔ-shí块/元
书报费	liù-bǎi-liù-shí-bā块/元	房费	yì-qiān-bā-bǎi块/yì-qiān-bā
杂费	liǎng-qiān-líng-shí-wǔ块/元		

第一节五

完成下面的对话。

1．B：我的生日是…… 2．B：九点（整） 3．B：今天十月一号星期（礼拜）…… 4．B：我国的国庆是…… 5．B：八十块五毛 6．B：CA928 7．B：五号楼306 8．B：106路 9．B：21度。 10．B：五分钟。

第二节一

一、仿照例子，把下面的句子改成"比"字句。

1．哥哥比弟弟高。/哥哥比弟弟高五厘米。 2．他们学的汉字比我们少。/他们学的汉字比我们少十五个。 3．那个商店比这个远。/那个商店比这个远十分钟。 4．昨天比前天睡的时间少。/昨天比前天少睡一个小时。 5．汉字比发音难。/汉字比发音难多了。 6．一杯咖啡比一杯啤酒贵。/一杯咖啡比一杯啤酒贵九块钱。 7．从上海到北京坐飞机比坐火车快。/从上海到北京坐飞机比坐火车快八个小时。 8．我比他能喝。/我比他能多喝一瓶。 9．口语比汉语考得差。/口语比汉语少考10分。 10．刘老师比张老师说话慢。/刘老师比张老师说话慢一些。

二、把下面的句子变成否定句。

1．前天没有昨天冷。 2．西瓜没有黄瓜好吃。 3．这条路没有那条路难走。 4．男孩子没有女孩子劲儿大。 5．一班没有二班考得好。 6．我的汉语没有口语差。 7．羊肉没有猪肉味儿大。 8．姐姐没有妹妹苗条。 9．图书馆没有教室安静。 10．这孩子吃的没有大人多。

第二节三

仿照例子，把下面的两个句子变成一句话，注意省略情况。

1．弟弟跟/和哥哥不一样，弟弟瘦一些。 2．这张邮票的颜色跟/和那张不一样，这张好看一些。 3．昨天跟/和今天不一样，昨天冷一些。 4．这本书讲的跟/和那本书不一样，那本书讲的是语法知识。 5．鸡肉的颜色跟/和牛肉不一样，牛肉是红色的。 6．木头床跟/和铁床不一样，木头床轻多了。 7．我的计划跟/和他的不一样，他计划去昆明。 8．王老师说话的速度跟/和李老师不一样，王老师快多了。 9．北方人跟/和南方人不一样，南方人喜欢吃米饭。 10．一班跟/和二班上课的地方不一样，一班在一楼。

第二节四

用"A有B+谓词性成分"或"A没有B+谓词性成分"完成对话。

1．B：谁说的，这个菜没有那个菜好吃。 2．B：今天的雨没有昨天大。 3．B：别谦虚了，你弟弟的发音没有你好。 4．B：哪里，住在这儿没有住在那儿方便。 5．B：但我觉得早结婚没有晚结婚好。 6．B：他的水平没有我高，为什么他去高级班？ 7．B：这件衣服的质量有那件好吗？ 8．B：打电话没有发邮件便宜，我喜欢发邮件。 9．B：现在是上班高峰，打的没有骑车快，还是骑车去吧。 10．B：春节没有"五一"暖和，"五一"去吧。

第二节五

把下面的词语组成句子。

1．姐姐不像妹妹那么爱打扮。 2．游泳不像打篮球这么好学。 3．弟弟的脾气和哥哥的不一样 4．复习了和没复习就是不一样。 5．刘老师跟张老师说话一样快。 6．他和你一样不认真。 7．我的口语不如以前好。 8．英语和汉语一样难。 9．穿皮鞋不如穿运动鞋那么舒服。 10．吃饺子不如吃包子便宜。

第三节一

用"(主语)+是+谓词性成分"完成对话。

1．B：今天是热，但再热都得上班啊。 2．B：是有点儿难，但必须得过啊。 3．B：是有些贵，但贵也得买呀！ 4．B：是挺漂亮，不过我不喜欢看她演的电影。 5．B：四川菜是辣，但是非常好吃啊！ 6．B：这部电影我是看过，不过已经没有什么印象了。 7．B：嗯！是比我们这儿的甜。 8．B：我是说过，但是现在不行。 9．B：是挺难吃，但是吃苦瓜对身体有好处。

第三节二

一、用"是……的"完成对话，注意"的"的位置。

1．B：我是在北京学的。 2．B：不是，我是去年去的。 3．B：我是在学校电影院看的。 4．B：对，我的口语是刘老师教的。 5．B：对，他是用中文打的。 6．B：我们是昨天到北京的。 7．B：我是90年毕的业/毕业的。 8．B：不是，她妈妈是来中国开会的。 9．B：我们是在飞机上认识的。 10．B：是朋友告诉我的。

二、下面句子中都缺少"的"，请判断"的"应该放在A、B、C或D哪个位置上。

1．B/C 2．A/B 3．B 4．D 5．C 6．B/C 7．A/B 8．A/B 9．A/B 10．B

第三节三

用表示强调的"就"完成对话。

1．B：我就不起！ 2．B：就不去！要去你自己去！ 3．B：就不借给你！你上次借的书还没还给我呢！ 4．B：就不做！饿就自己做！ 5．B：就不出去！这教室也不是你们的！ 6．B：就睡了五个小时，所以现在很困。 7．B：很抱歉！就这个星期没时间，下个星期怎么样？ 8．B：就山本会，其他人都不会。 9．B：就考了一次！ 10．B：真对不起！我就带了一百块。

第三节四

用"连……都/也……"完成对话。

1．B：这个字很难，连老师都不认识。 2．B：忙死了，连星期天都不休息。 3．A：连洗都不洗，你就吃？ 4．B：昨天晚上复习，连觉都没睡。 5．B：我连学费都交不起，哪里买得起汽车？ 6．B：别要了，我连这瓶都喝不完。 7．B：我连一分钱都没有。 8．B：连一块巧克力都没带，太抠门了！ 9．B：连这个箱子都拿不动，你也太没劲了！ 10．A：明天考试，你连复习都不复习？

第三节五

用"一＋量词＋（名词）＋都/也＋谓词性成分"回答问题。

1．一次都/也没迟到过。 2．我一个都/也没记住。 3．一个地方都/也没去过。 4．一个都/也没吃过。 5．一次都/也没看过。 6．一分都/也没带。 7．一件都/也没有。 8．一根都/也没抽。 9．一次都/也没吵过。 10．一次都/也没做过。

第三节七

用反问句完成对话。

1．B：你没抽烟？昨天我还看见你抽了。 2．B：北京冷吗？比东北暖和多了。 3．B：五千块钱还不贵？你是大款吧？ 4．B：前面长？再短就不好看了。 5．B：我说话快？我还是第一次听人说我说话快！ 6．B：现在还没交？不可能！ 7．B：我能喝？比你差远了！ 8．B：咸？不会吧。 9．B：我们只有两个人，来二十瓶？ 10．B：天气这么好，有雨？

第三节九

仿照例子，把下面的句子变成易位句。

1．吃饺子吧，咱们。 2．真够难的，这个汉字。 3．不能干，那种事。 4．在刮大风，外边。 5．刘老师有三十多岁，大概。 6．又停电了，怎么？ 7．别把钱花光了，都。 8．一夜没睡好，把她急得。 9．去他家做客，朋友请我。 10．她打网球，用左手。

第四节四

在下面句子中的括号内填上适当的称呼。

1．老师 2．大夫 3．张教授 4．奶奶 5．师傅 6．大爷 7．阿姨 8．主任 9．大爷 10．张刚

第五节一

说出下面句子中带线词语的意思。

1．去厕所 2．急着要去厕所 3．听力不好 4．去世 5．秃头 6．被警察抓起来了 7．小偷 8．跟他人夫妇一方有不正当男女关系的人 9．收取贿赂 10．性骚扰

附录 2

常见的不能重叠的动词和形容词

动词

挨　爱护　包括　保持　保存　保护　保卫　保证　报告　比如　避免　必须
变成　变化　表达　表明　捕　不如　采购　采取　采用　差　朝　产生　超
超过　吵　称赞　成　成功　成立　成熟　成为　成长　乘　承认　迟到　充满
重叠　愁　出版　出发　出来　出去　出现　出生　出席　出院　除　处分　传播
创　创造　创作　刺　从事　存　存在　答应　打倒　呆　待　代表　担任　担心
挡　当做　到　到达　道　得　得到　登记　等待　等于　跌　定　丢　懂　懂得
动身　独立　堵　度过　渡　断　堆　对待　夺　发出　发抖　发明　发生　发现
发扬　发展　反对　反抗　犯　防　防止　放大　放弃　放心　飞　费　分别
逢　否定　符合　服从　负责　该　改正　感到　感冒　感激　敢　搁　给　跟
供　供给　贡献　构成　够　鼓舞　顾　关系　过　过来　过去　害　害怕　含
好像　好恨　呼　花　化　还　慌　昏迷　回　回来　回去　会　活　获得
集　集合　及　格　寄　继续　记得　记忆　加　加以　减轻　减少　建立　交际
叫　叫做　接到　结束　接受　解决　借　进　进攻　进口　进来　进去　进行
进入　禁止　经　经过　经历　敬爱　竞赛　举　举行　拒绝　具备　具有　觉得
决定　决心　开辟　开始　开学　开演　看见　咳嗽　可能　可以　肯　哭　跨
困　扩大　来　烂　劳动　离　离开　例如　连续　领导　漏　留　留念　流
略　落　命令　没　能　能够　怕　派　起　盼望　赔　碰见　批准　飘　齐
企图　起床　起来　签订　欠　侵略　请求　区别　取得　取消　缺　缺乏　缺少
燃烧　热爱　认为　认得　扔　撒　善于　上　上学　少　射　生产　实现　实行
适合　适用　是　收获　受　输　属于　说明　率领　随　损失　逃　讨厌　疼
提高　提供　提前　添　听见　听说　听写　停止　通过　同意　痛　投入　突出

推动 脱 脱离 完 完成 忘 忘记 微笑 危害 违反 围绕 污染 误会
希望 吸引 牺牲 习惯 喜欢 洗澡 下 下来 下去 相信 想念 像 向
消费 消失 小心 笑话 信 形成 姓 需要 选举 演出 要求 要 依靠
以为 引起 应 应当 应该 营业 有 有关 遇 遇见 愿意 允许 运输
再见 在 站 赞成 遭到 遭受 展出 展开 战胜 召开 针对 增加 支持
执行 值得 指出 主张 祝 抓紧 准 醉 作为

形容词

饱 宝贵 悲痛 必要 不错 不幸 不平 彻底 沉默 成熟 充分 充足
崇高 抽象 聪明 错 单调 动人 对 饿 发达 繁荣 愤怒 方便 丰富
负责 富 干 干燥 公共 共同 古 古老 故意 光明 光荣 广大 广泛
广阔 贵 寒冷 好吃 好看 好听 好玩 合理 合适 黑暗 花 滑 慌
坏 活泼 活跃 积极 基本 激烈 集中 及时 急 挤 坚定 坚决 坚强
尖锐 艰巨 艰苦 近 精彩 旧 巨大 具体 绝对 开明 科学 可爱 可靠
渴 刻苦 肯定 困难 老 困 累 厉害 良好 灵活 流利 乱 落后 麻烦
满意 忙 美好 美丽 秘密 密切 妙 民主 明亮 明确 明显 耐心 耐用
难 难过 难看 难受 能干 努力 疲劳 便宜 片面 平等 平均 迫切
普遍 齐 奇怪 强 强大 强烈 巧 巧妙 亲爱 亲切 晴 穷 全面
缺乏 热心 容易 人工 弱 少 深厚 深刻 生 生动 生气 失望 实际
实用 适当 熟 熟练 讨厌 特殊 天真 痛苦 突然 晚 危险 伟大 卫生
温暖 文明 稳定 细心 鲜 显然 显著 相似 响 小心 新 兴奋 形象
幸福 雄伟 虚心 迅速 严格 严肃 严重 要紧 一致 一定 意外 异常
阴 英勇 勇敢 优良 优美 优秀 悠久 友好 有利 有力 有名 有趣
有效 杂 脏 糟糕 着急 正确 正 正常 正式 直接 重要 周到 主动
主观 著名 专门 专心 庄严 准 自由

主要参考文献

崔希亮 1993 汉语"连"字句的语用分析，《中国语文》第3期。
崔应贤等 2002 《现代汉语定语的语序认知研究》，中国社会科学出版社。
丁声树等 1961 《现代汉语语法讲话》，商务印书馆。
高宁慧 1996 留学生的代词偏误与代词在篇章中的使用原则，《世界汉语教学》第2期。
廖秋忠 1993 《现代汉语篇章中的连接成分》，《中国语文》第3期。
刘月华等 2004 《实用现代汉语语法》，商务印书馆。
陆俭明、马　真 1985 《现代汉语虚词散论》，北京大学出版社。
陆俭明 1993 《现代汉语句法论》，商务印书馆。
马庆株 1992 《汉语动词和动词性结构》，北京大学出版社。
吕叔湘主编 1984 《现代汉语八百词》，商务印书馆。
马　真 2004 《现代汉语虚词研究方法论》，商务印书馆。
杨德峰 1999 《汉语与文化交际》，北京大学出版社。
杨德峰 2004 《汉语的结构和句子研究》，教育科学出版社。
杨德峰 2008 《日本人学汉语常见语法错误释疑》，商务印书馆。
张伯江、方　梅 1996 《汉语功能语法研究》，江西教育出版社。
赵元任 1980 《汉语口语语法》，商务印书馆。
朱德熙 1982 《语法讲义》，商务印书馆。